Sensibilización medioambiental y buenas prácticas en la ocupación

SENSIBILIZACIÓN MEDIOAMBIENTAL Y BUENAS PRÁCTICAS EN LA OCUPACIÓN

PENÉLOPE ORTIZ

© 2026 Penélope Ortiz

Edición y maquetación: Ediciones Nobel, S. A.

Impresión: Liberdigital (Casarrubuelos, Madrid)
ISBN: 978-84-283-7120-9
Depósito legal: M-2407 2026

Impreso en España

Índice

1. PRINCIPIOS BÁSICOS DE ECONOMÍA ECOLÓGICA

1.1. MEDIOAMBIENTE Y SOCIEDAD

Hace 50 años existía una definición muy concreta de medioambiente, la cual estaba relacionada con lo natural, todo lo que el ser humano no había sido capaz de crear o modificar, actualmente, esa definición ha cambiado, ahora sabemos que el medioambiente es todo, somos todos; todos los elementos físicos, químicos y biológicos con los que los seres vivos conviven e interactúan. Además, en el caso del ser humano, también incluye todos esos elementos culturales y sociales que influye en su vida, es decir, los elementos artificiales que se crearon.

Desde hace 50 años las preocupaciones ambientales han ido cambiando: el foco se centraba en la capa de ozono y los clorofluorocarburos (CFC), los vertidos de petróleo o la radiactividad, mientras que en la actualidad son tres las pandemias que afectan al medioambiente: el cambio climático, la pérdida de la biodiversidad y la contaminación y los residuos.

Las actividades antrópicas influyen en el medioambiente, a menudo generando impactos positivos o negativos. La relación entre el medioambiente y la sociedad ha evolucionado significativamente debido a factores como el crecimiento poblacional, la industrialización, el avance tecnológico y el cambio climático.

1.2. FACTORES PRODUCTIVOS

Los factores de producción son los medios utilizados para la elaboración de productos y servicios. Estos son: trabajo, tierra, capital y tecnología.

Es decir, los factores productivos son aquellos recursos que se necesitan para generar bienes que son aptos para su consumo y, por ende, destinados al mercado.

Las empresas, como respuesta a las necesidades de la sociedad, se encuentran en constante desarrollo de productos y servicios, logrados a través de la utilización estratégica y coordinada de estos factores de producción.

1.2.1. Trabajo

Esfuerzo físico o intelectual que una persona le dedica a una actividad, incluyendo el tiempo empleado a dicha labor. Estos trabajadores se encuentran en todos los sectores productivos (sectores primario, secundario y terciario) Por ejemplo: el trabajo físico de un minero excavando minas para obtener minerales (actividad del sector primario).

El trabajo es un factor de producción único en comparación con otros. Está directamente relacionado con el esfuerzo humano, a diferencia de los otros factores de producción.

El trabajo es el factor de producción más flexible, ya que puede emplearse en diferentes etapas de la producción, especializarse, incrementarse en cantidad y capacitarse para adquirir nuevas habilidades. Para que el esfuerzo se considere trabajo, debe estar dirigido principalmente a la producción de bienes o servicios.

El trabajo conecta los factores de producción entre sí. Además, tiene una característica cuantitativa y cualitativa. La cantidad de trabajo se mide por su duración e intensidad. La característica cualitativa refleja las características específicas del trabajo y está relacionada con su productividad.

1.2.2. Tierra

Son los recursos de origen natural (recursos del suelo y recursos hídricos). Por ejemplo: tierras de cultivo, madera, recursos minerales (como el hierro, cobre, plata y oro) y combustibles fósiles (petróleo, gas natural y carbón). Como recurso natural este factor de producción se puede dividir en recursos renovables y no renovables:

- Los recursos renovables son aquellos que se pueden reponer, como el agua, la vegetación, la energía eólica y la energía solar.
- Los recursos no renovables son los que cuyo suministro se puede agotar como el petróleo, el carbón y el gas natural.

Este tipo de factor de producción se ubica dentro del sector primario de la economía, es decir, son los recursos básicos o materias primas indispensables para producir muchos de los bienes y servicios básicos para vivir como la alimentación o el vestido. Igualmente, la producción y suministro de combustibles para mantener en funcionamiento la fuerza productiva de un país, solo es posible con la obtención de la materia prima de los recursos naturales, tanto renovables como no renovables.

1.2.3. Capital

El capital representa todos los bienes y/o servicios que se utilizan en el proceso de producción para contribuir con la elaboración del producto final.

Este factor de producción se compone de:

- Capital de trabajo que representa la cantidad del capital diario utilizado para la producción de bienes, esto puede incluir efectivo o un *stock* de inventarios.

- Capital fijo que está representado en la maquinaria, equipos, las estructuras físicas y todos los *software* que sean necesarios para el proceso productivo.

Muchas veces al referirnos al capital como factor de producción pensamos en él solo como dinero. Sin embargo, en términos de factores económicos de producción, estos son recursos que pueden utilizarse de manera productiva. Es decir, nos referimos a todos aquellos activos que son necesarios para cumplir la función de producir bienes para satisfacer necesidades. Este es un factor de producción derivado, ya que a diferencia del factor tierra no surge por sí solo como los recursos naturales.

El capital es un factor de producción creado por el hombre, que se ajusta a las necesidades específicas de cada industria o tipo de producción. La importancia del capital como factor de producción radica en que contribuye a la transformación de los recursos naturales para obtener los bienes y servicios necesarios para un desarrollo integral de las personas y la economía en general. Además, contribuye a generar ingresos en todos los sectores económicos, de esta forma se eleva el nivel de vida de las personas.

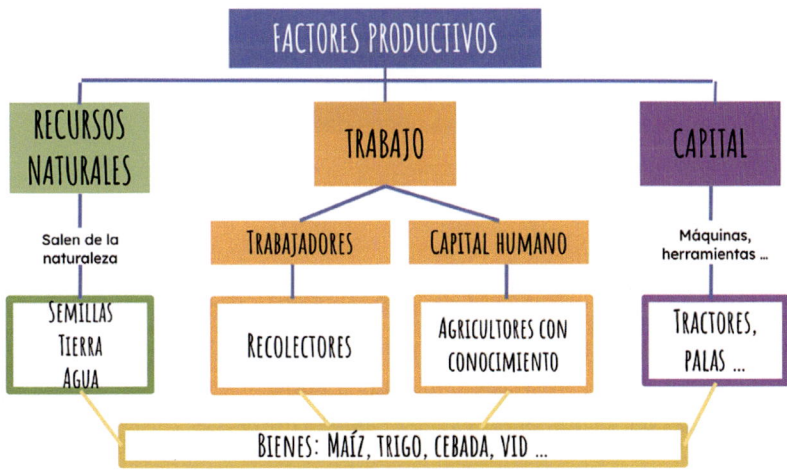

Figura 1.1. Factores productivos. Elaboración propia.

1.2.4. Tecnología

Es un factor de reciente aparición en la generación de bienes y servicios. Consiste en un cúmulo de procesos y técnicas con base científica para la elaboración de productos. Por ejemplo, la tecnología textil es la que se encarga de desarrollar y mejorar prendas de vestir mediante la aplicación de soluciones tecnológicas.

1.3. ECONOMÍA Y CRECIMIENTO ECONÓMICO

La economía es tan antigua como la historia de la humanidad. Nuestros ancestros ya cazaban y cultivaban e intercambiaban productos entre unos y otros. El trueque, la moneda, el comercio o la Revolución Industrial han marcado la historia de la economía y de toda la humanidad. Pero no fue hasta el siglo XVIII donde se empezó a vislumbrar a la economía como una ciencia en sí misma, separada de la filosofía o de la historia.

Vamos a dar una mala definición. Economía: ciencia que estudia la dirección y administración de una casa. En la antigua Grecia quizás pudiera valer ya que proviene del término «Oikonomía», pero en el siglo XXI la economía es otra cosa.

La economía es la ciencia que estudia cómo administrar unos recursos que son escasos para satisfacer la mayor cantidad posible de las necesidades humanas.

1.3.1. Las necesidades humanas

El capitalismo ha traído de la mano unas necesidades casi infinitas, pero, por desgracia, nuestros recursos son muy limitados. Se dice que no es más feliz quien más tiene, sino quien menos necesita. Podemos definir necesidad como la carencia de algo junto al deseo de satisfacerlas. Es un concepto muy relativo y subjetivo. Si muchos tienen necesidad de comprarse el último iPhone, piensa cuántos somalíes tienen esa misma necesidad.

1.3.2. La escasez

Casi siempre se desea más de lo que se tiene y de lo que se puede adquirir. Es lo que se llama «escasez económica». Por tanto, la escasez económica se refiere a la carencia de recursos en comparación a las necesidades y deseos que las personas tienen. Economía: ciencia que estudia la mejor manera de usar recursos escasos para satisfacer las necesidades humanas.

La economía es una ciencia social, como la historia. Además, se centra en la escasez, por lo que cuando algo no es escaso, poca economía se puede aplicar sobre él. Y, por último, se centra en cómo resolver nuestras necesidades, por desgracia parece que casi ilimitadas, con recursos muy limitados.

Es aquí donde surge la economía, una ciencia que te ayudará a decidir cómo usar tus recursos escasos (dinero y tiempo) de la mejor manera posible para que puedas satisfacer el mayor número de necesidades.

Figura 1.2. Relación entre necesidad, escasez y economía. Fuente: apalancate.es.

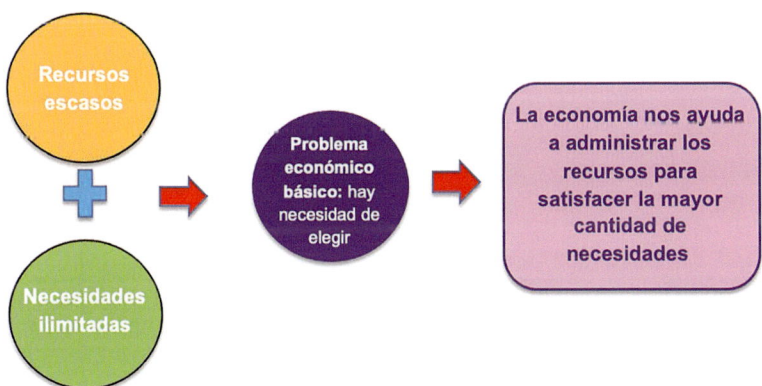

Figura 1.3. La economía nos ayuda a decidir cómo usar los recursos. Elaboración propia.

1.3.3. Agentes y actividades económicas

Las actividades económicas son aquellas necesarias en la economía y sin las cuales la sociedad no puede satisfacer sus necesidades. Son tres: producción, consumo y distribución. Los agentes económicos son las entidades que intervienen en la actividad económica. Son tres: familias, empresas y Estado o sector público.

1.3.3.1. Los bienes y servicios

Cuando una empresa produce diremos que fabrica productos en general. Estos productos pueden ser bienes cuando son tangibles (lo puedes tocar, como un coche o el dónut que tanto deseas zamparte en el descanso) o servicios (naturaleza intangible, como la educación).

1.3.3.2. Clasificación de los bienes

Según su función, nos encontramos con bienes de consumo, dedicados a satisfacer una necesidad como una PlayStation o de capital, dedicados a fabricar otros bienes, como un destornillador. En esta y en el resto de clasificaciones hay que entender una norma general. No dudo de que más de uno sueñe con una lijadora por Reyes, pero, por lo general, no es un artículo de consumo, sino de capital. Según su grado de elaboración: están los intermedios, que son usados en la fabricación de otros bienes y deben ser transformados (como la harina), o finales, que, tras una serie de transformaciones, pueden ser consumidos, como un coche.

Según su consumo: tendríamos privados o de uso particular o públicos o de uso común. Según su relación con otros bienes: se refiere a una pareja de bienes. Así tenemos complementarios cuando se usan conjuntamente, como el azúcar o el café, sustitutivos, cuando uno sustituye al otro, como el café y el té, e independientes, si no guardan relación, como el café y la gasolina.

Figura 1.4. Clasificación de los bienes. Elaboración propia.

1.3.4. Recursos naturales

La población humana hasta ahora ha ido creciendo exponencialmente, lo que significa que requieren cubrir muchas más necesidades, lo que se traduce en uso de recursos. En esta instancia, los recursos se encuentran limitados por la disponibilidad de estos. Sin embargo, los seres humanos siguen sobrepasando la capacidad de carga a medida que se desarrollan nuevas tecnologías para ayudar a sostener a la población que no deja de crecer.

El uso excesivo extenso de recursos no renovables, como combustibles fósiles, puede provocar grandes daños al medioambiente. Reciclar productos hechos de recursos no renovables (tales como plásticos, los cuales están hechos de petróleo) es una manera de reducir el impacto negativo de esta explotación de recursos. Además, el desarrollo y el uso de recursos renovables, como la energía solar o eólica, pueden ayudar a disminuir los efectos dañinos de la explotación de recursos.

Actualmente en la mayor parte de los procesos industriales, así como en el ámbito doméstico, resulta imprescindible el uso de la energía eléctrica. La energía eléctrica, por ser fácil de transportar y trasformar, es la más utilizada en nuestra vida cotidiana y se obtiene mediante una serie de fuentes de energía.

Una fuente de energía es todo aquello que permite producir energía directamente o mediante alguna transformación, y tenemos fuentes de energía renovables y no renovables.

1.3.4.1. Energías renovables

Las fuentes de energía renovable existen en una cantidad ilimitada en la naturaleza como el agua, el sol o el viento.

El agua es inagotable, se almacena en presas, pantanos y procede de los ríos, la lluvia o el deshielo; produce energía hidráulica, el agua se utiliza para generar energía eléctrica al caer de una zona elevada.

El viento es un recurso inagotable y de gran intensidad, produce energía eólica, que proporciona el viento, es una fuente limpia e inagotable.

El sol es un recurso inagotable, limpio, gratuito, y además está presente en todo el planeta, llega a la Tierra en forma de radiación y produce energía solar, energía térmica y energía fotovoltaica. La radiación solar debe ser transformada en electricidad o calor y se requieren grandes superficies para almacenarla.

El calor terrestre es una fuente aprovechada solo en aquellos lugares en los que se encuentra un yacimiento termal, no es contaminante y produce energía geotérmica, que procede del interior de la Tierra en forma de calor y se manifiesta en forma de volcanes, fumarolas, géiseres y fuentes termales.

La biomasa es una fuente que procede de los residuos agrícolas, forestales, ganaderos y algunos restos sólidos urbanos, su combustión puede aprovecharse en forma de energía térmica o eléctrica. Produce energía de la biomasa que suministra energía de manera continua y contribuye a la eliminación de residuos; se puede usar en el ámbito doméstico, como en calderas, o también en centrales térmicas.

El mar, en esta fuente se trata de aprovechar el movimiento debido a las corrientes y a los cambios de temperatura y de concentración de sal de sus capas. El aprovechamiento de esta fuente es escaso, pues presenta problemas de construcción y mantenimiento de instalaciones, produce una energía denominada mareomotriz.

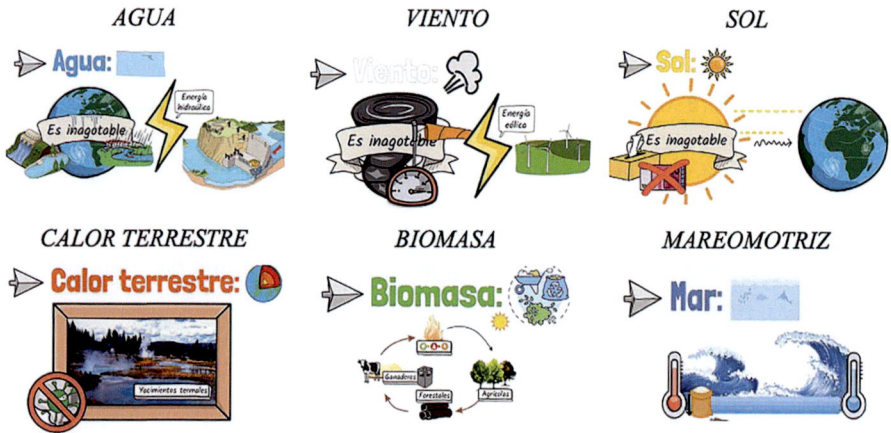

Figura 1.5. Energías renovables. Elaboración propia.

1.3.4.2. Energías no renovables

Existen en una cantidad limitada en la naturaleza, es decir, sus reservas se van agotando a medida que se consumen, como el carbón, que es un combustible fósil sólido formado por la descomposición de vegetales bajo la tierra durante miles de años, contiene gran cantidad de carbono, su uso como combustible doméstico ha sido generalizado a lo largo de la historia, actualmente se utiliza como combustible en las centrales térmicas que producen electricidad, pero es altamente contaminante.

El petróleo es un combustible fósil líquido, formado por la descomposición de animales y vegetales a lo largo de millones de años, se utiliza como combustible en centrales térmicas para generar electricidad, también se usa como materia prima para fabricar combustible y plástico, y su combustión empeora el efecto invernadero, que es la forma en que el calor se queda atrapado cerca de la superficie de la Tierra por los gases de efecto invernadero.

El gas natural es un combustible fósil formado, sobre todo, por gas metano, se necesitan millones de años para su formación, se utiliza como combustible en plantas de generación de electricidad, siendo más eficiente que otros combustibles, su uso doméstico es muy común, como, por ejemplo: obtener agua caliente, uso de radiadores o para cocinar.

El uranio es un elemento químico radioactivo, se usa como combustible en las centrales nucleares, mediante el proceso de fisión, que consiste en el proceso de separación del núcleo del átomo de uranio. Sus residuos radiactivos permanecen activos durante varios años.

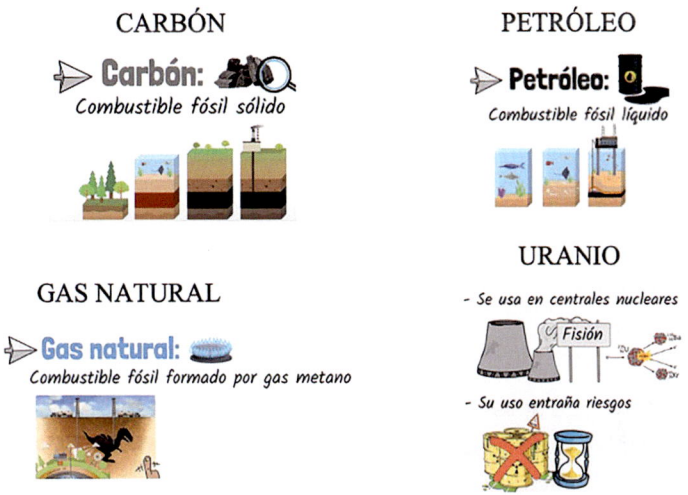

Figura 1.6. Recursos no renovables. Elaboración propia.

1.3.5. Desarrollo sostenible

En 1983, la Organización de las Naciones Unidas (ONU) creó la Comisión Mundial sobre el Medioambiente y el Desarrollo (CMMAD), un grupo de trabajo independiente de las entidades gubernamentales y de las mismas Naciones Unidas, con el objetivo de analizar la relación entre el desarrollo económico y el medioambiente.

La CMMAD, presidida por la noruega Gro Harlem Brundtland, realizó un minucioso estudio cuyos resultados se presentaron en 1987 en un informe llamado Nuestro futuro común (más conocido como Informe Brundtland). En él se concluye que, para satisfacer las necesidades del presente, sin comprometer los recursos de las generaciones futuras, la protección del medioambiente y el crecimiento económico tendrían que abordarse como una sola cuestión. Para ello, la humanidad debe cambiar sus formas de vida y así evitar ese colapso de la civilización. El problema surge por la incompatibilidad del dúo medioambiente-desarrollo, es decir, el impulso del desarrollo daña el medioambiente; y, por otro lado, la protección del medioambiente frena el desarrollo.

Sin embargo, en el informe se establece la posibilidad de coexistencia de ambos conceptos, es decir, que puede haber un crecimiento económico sostenido de la humanidad y al propio tiempo lograr preservar los recursos naturales, ambas cosas enmarcadas dentro de una política denominada **DESARROLLO SOSTENIBLE.** De esta forma, en el Informe Brundtland se define el desarrollo sostenible como aquel que satisface las necesidades del presente sin comprometer las necesidades de las futuras generaciones.

En septiembre de 2015, los líderes mundiales adoptaron el plan de acción de las Naciones Unidas «Transformar nuestro mundo: La Agenda 2030 para el Desarrollo Sostenible», que fija un conjunto de objetivos de desarrollo sostenible (ODS) para poner fin a la pobreza, salvaguardar el planeta, proteger los derechos humanos y garantizar la prosperidad para todos.

La aprobación de esta Agenda constituye un giro histórico hacia un nuevo paradigma, puesto que aborda las disparidades económicas, sociales y medioambientales de manera universal e integrada. Este proceso refleja plenamente los valores europeos de justicia social, gobernanza democrática, economía social de mercado y protección del medioambiente.

La UE ha establecido una serie de ámbitos de acción esenciales para el cambio transformador hacia un desarrollo sostenible en su territorio:

- Una transición justa hacia una economía hipocarbónica, circular y eficiente en el uso de los recursos.

- Una transición hacia una sociedad y una economía inclusivas desde el punto de vista social en las que se respeten el trabajo decente y los derechos humanos.

- Una transición hacia una producción y un consumo de alimentos sostenibles.

- Inversión en innovación, modernización de las infraestructuras a largo plazo y fomento de las empresas sostenibles.

- Un comercio que impulse el desarrollo sostenible mundial.

La Agenda 2030, junto con el Acuerdo de París sobre el Cambio Climático, es la hoja de ruta para un mundo mejor y el marco mundial para la cooperación internacional en materia de desarrollo sostenible, con sus dimensiones económica, social, medioambiental y de gobernanza.

La importancia de avanzar hacia los ODS de manera coherente y de interactuar con los países socios y la sociedad civil, así como de la representación de la Unión Eurpoea en los foros internacionales de alto nivel, incluido el Foro Político de Alto Nivel sobre el Desarrollo Sostenible de las Naciones Unidas, es fundamental para reforzar el compromiso y el liderazgo de la UE en materia de desarrollo sostenible, así como para abordar el impacto de la COVID-19 a escala mundial.

Figura 1.7. Objetivos de desarrollo sostenible. Fuente: web oficial de la UE.

ACTIVIDAD

Investiga y realiza un esquema en el que queden plasmados de forma clara y sencilla los aspectos más relevantes de los objetivos de desarrollo sostenible.

1.3.6. Economía circular

Por economía circular debemos entender aquella que pretende que el valor de los productos, materiales y recursos se mantengan en la economía durante el mayor tiempo posible y que se reduzca al mínimo la generación de residuos, incluyendo que estos residuos puedan convertirse de nuevo en materias primas para la elaboración de otros nuevos productos.

La economía circular refuerza su papel como modelo de producción y consumo. En él, los materiales y bienes se comparten, reutilizan, reciclan y recuperan en toda la cadena de producción, distribución y consumo para superar el «fin de su vida útil» en un sistema circular o, más bien, de «bucle en espiral», puesto que conlleva una determinada disipación de los materiales a través de su utilización.

Figura 1.8. Economía lineal. Elaboración propia.

Figura 1.9. Economía circular. Elaboración propia.

1.4. EXTRACCIÓN Y PRODUCCIÓN

Una actividad extractiva es aquella que consiste en la obtención de recursos naturales localizados en el suelo, subsuelo o aguas marinas o continentales. Los productos recolectados luego son comercializados, sin pasar por un proceso de transformación.

Entre las características de las actividades extractivas destacan:

- Los bienes vendidos no tienen valor agregado. Al pasar por un proceso, en otras industrias, su precio se eleva. Por ejemplo, en el caso de los minerales, al convertirlos en joyas, incrementan su precio.

- Muchas de estas actividades producen materias primas, como todos los metales y el petróleo. Esto quiere decir que están sujetos a un precio fijado en los mercados financieros internacionales.

- Son negocios que, si se desarrollan indiscriminadamente, pueden acabar con ciertos recursos naturales. En el caso de la pesca, por ejemplo, deberán establecerse límites a la extracción en los períodos de reproducción de determinadas especies. Solo de esa forma se evita su extinción.

- Estas actividades existen desde los inicios de la civilización, siendo los métodos utilizados los que han ido desarrollándose para aumentar la productividad.

- Presentan una fuerte dependencia de las condiciones del medioambiente. Por ejemplo, en el caso de la pesca, puede ser afectada por cambios en la temperatura del mar que disminuyen la población de ciertas especies.

A continuación, se menciona un ejemplo del ciclo de los materiales con el papel, pero puede ser cualquier material que utilicemos los seres humanos. Desde la extracción de la materia prima hasta su reciclado, el ciclo que realiza el papel es el siguiente.

a. Extracción: de la naturaleza de obtener la materia prima (troncos de los árboles).

b. Transformación: a partir de la madera triturada, mediante procesos químicos se obtiene el papel (material de uso técnico).

c. Elaboración: con el papel podemos fabricar multitud de productos (cuadernos, libros, folios, etc.).

d. Utilización: los productos utilizados se convierten en productos de diseño.

e. Reciclado: podemos obtener a partir de los productos desechados nueva materia prima.

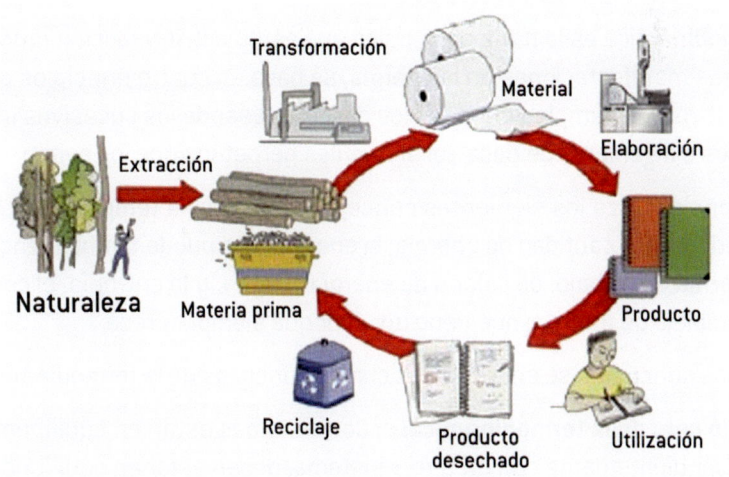

Figura 1.10. Ciclo de los materiales. Elaboración propia.

La producción es la actividad económica que se encarga de transformar los insumos para convertirlos en productos. La producción es esencial en la economía, transformando insumos en productos y servicios para satisfacer necesidades humanas. La evolución de la producción ha pasado de seres humanos nómadas y consumidores a productores sedentarios, enfrentando el problema económico de recursos limitados.

Algunos ejemplos de ello podrían ser un cuadro hecho por un pintor, una pieza de cerámica de un alfarero o incluso los servicios de una auditoría, todos son formas de producción. Por supuesto, esto también incluye la agricultura y todas las actividades del sector industrial.

Figura 1.11. Transformación de insumos en productos. Elaboración propia.

1.5. ECONOMÍA Y LAS LEYES DE LA TERMODINÁMICA

La termodinámica es la rama de la física que estudia la interacción entre el calor y otras manifestaciones de la energía, se basa en cuatro principios que, sin ser intuitivos, se cumplen en todos los casos a pesar de los sucesivos intentos de físicos e ingenieros de desarrollar móviles perpetuos que los eviten.

Esta ciencia utiliza los siguientes conceptos básicos: la temperatura, que es una medida de la cantidad de energía; la energía, que puede también encontrarse en forma de trabajo, de calor o de energía interna, y la entropía, el concepto más complejo de todos, y que tiene un valor que siempre crece.

Con estos conceptos se enuncian los cuatro principios de la termodinámica:

Principio cero de la termodinámica: si dos sistemas están en equilibrio térmico independientemente con un tercer sistema, deben estar en equilibrio térmico entre sí.

Primer principio de la termodinámica: un sistema cerrado puede intercambiar energía con su entorno en forma de trabajo y de calor, acumulando energía en forma de energía interna.

La conservación de la energía es la base para todos los procesos en el mundo natural. Un sistema nunca puede producir más energía de la que consume.

Segundo principio de la termodinámica: la entropía del universo siempre tiende a aumentar. Por ejemplo, las hojas se mueven de un estado de orden (adheridas de manera nítida al árbol) a un estado de desorden (tiradas por todo el suelo). Muchos hemos visto las hojas caer, pero ninguno ha visto que las hojas caídas se adhieran nuevamente al árbol.

De igual modo, el calor fluye de una temperatura mayor a una menor. Por ejemplo, una taza caliente de té de hierbas se enfría cuando se deja sola en una casa a temperatura ambiente, pues el calor del té fluye al espacio que lo rodea. El té se enfría mientras que el espacio en la casa se calienta levemente.

Tercer principio de la termodinámica: la entropía de un sistema se aproxima a un valor constante, así como la temperatura se aproxima al cero absoluto.

Las leyes termodinámicas y las leyes económicas son dos áreas distintas, pero interrelacionadas que abordan los principios fundamentales del cambio y la transferencia. La analogía entre ambas disciplinas nos permite explorar conceptos compartidos y comprender mejor fenómenos complejos en la economía. La primera ley establece que la energía no se crea ni se destruye, solo se transforma. En la economía, podemos considerar el dinero como una forma de energía económica que se transfiere de una entidad a otra. La segunda ley de la termodinámica establece que la entropía de un sistema aislado siempre tiende a aumentar, lo que implica una pérdida de energía útil. En la economía, la entropía económica puede asociarse con la pérdida de valor o ineficiencia económica.

Analogía entre el calor y el dinero

En la termodinámica, el calor es una forma de energía que se transfiere de un objeto a otro debido a una diferencia de temperatura. De manera similar, el dinero se transfiere en transacciones económicas. Podemos establecer la siguiente analogía:

$$\text{Transferencia de calor } (\Delta Q) \longleftrightarrow \text{Transferencia de dinero}$$

Entropía y pérdida de valor económico

En la termodinámica, la entropía (S) es una medida del desorden o la pérdida de energía útil en un sistema. En la economía podemos asociar la entropía económica con la pérdida de valor o la ineficiencia económica. Podemos establecer la siguiente analogía:

$$\text{Entropía termodinámica } (\Delta S) \longleftrightarrow \text{Pérdida de valor económico}$$

La pérdida de valor económico puede ocurrir debido a comisiones, impuestos, inflación y otros factores que disminuyen el valor del dinero a medida que se transfiere de una entidad a otra.

Figura 1.12. Ejemplo de la pérdida del valor. Elaboración propia.

Eficiencia y ciclos en los sistemas termodinámicos y económicos

En termodinámica, la eficiencia se refiere a la capacidad de un sistema para convertir la energía en trabajo útil sin desperdiciar recursos. En la economía, la eficiencia económica busca asignar los recursos de manera óptima para maximizar la utilidad y minimizar la pérdida.

Además, al igual que los sistemas termodinámicos experimentan ciclos de expansión y contracción, los sistemas económicos también atraviesan ciclos económicos. Durante las fases de expansión económica, es más probable que aquellos con mayor riqueza acumulen aún más, mientras que, durante las recesiones y crisis económicas, los pobres pueden sufrir más debido a la falta de oportunidades y recursos.

Al comprender estas similitudes, podemos obtener una visión más holística de los desafíos económicos y energéticos que enfrentamos en la actualidad. Cuando la mayoría de nosotros pensamos en nuestra economía, a menudo recordamos el modelo simple de nuestros días de escuela secundaria o universidad en el que las empresas y los hogares intercambian dinero para convertir el capital en consumo.

Pero en realidad es mucho más que eso. Hay todo un campo conocido como economía ecológica que analiza un modelo económico más amplio. En lugar de centrarse en el intercambio de dinero, examina el intercambio de energía. Y toda esta energía se origina en última instancia en el sol.

Aquí hay tres conclusiones importantes:

a. Transformamos la energía de fácil acceso (baja entropía) en energía menos accesible (alta entropía), trabajo útil y residuos (calor y contaminantes).

b. Debido a la entropía, estamos destinados a agotar nuestra energía de fácil acceso, lo que significa que tendremos que invertir más energía para convertir la energía menos accesible en el trabajo.

c. El cambio hacia fuentes de energía como la solar, la eólica, la geotérmica y la hidroeléctrica (hasta cierto punto) aprovecha formas más directas de la energía del sol que los combustibles fósiles. Esto asegura que tengamos más energía de sobra.

1.6. CICLO DE VIDA DE PRODUCTOS

Todos los productos pasan por un ciclo vital más o menos largo, nacen, crecen, maduran y mueren. Este ciclo vital es lo que se conoce como ciclo de vida de un producto.

El ciclo de vida de un producto muestra las distintas etapas por las que pasa desde que se obtienen las materias primas y surgen en el mercado hasta el momento de su desaparición o fin de su vida útil.

EJEMPLO

En 2001 Apple lanzaba el primer dispositivo de almacenamiento de archivos de música digital, se modificó varias veces ampliando su capacidad y reduciendo su peso (y tamaño), lo que amplió su ciclo de vida. La etapa de madurez del iPod llegó en 2009, con la aparición de los *smartphones,* los cuales cumplían también la misma función que este producto. Y fue en 2017 cuando Apple ya retiró los iPods que no podían reproducir música en *streaming.*

Figura 1.13. Evolución del iPod. Elaboración propia.

Las empresas cada vez le dan más importancia a estudiar el ciclo de vida de sus productos. Sobre todo para conocer el impacto económico y medioambiental que pueden generar. Para ello, es bueno conocer todas sus fases para poder incidir en ellas buscando una reducción de costes, consumo de energía, recursos, eficiencia en los procesos de fabricación, residuos, etc. Pero ¿y cómo logran esto?

• Mediante el uso de materiales y procesos más sostenibles.

• Con la creación de productos más duraderos.

• Pensando en la reutilización de componentes.

• Enfocados en su reciclaje, etc.

Figura 1.14. Etapas del ciclo de vida del producto. Fuente: Wikipedia.

1.6.1. Las etapas de vida de un producto

El ciclo de vida de un producto comienza en el diseño y desarrollo del producto y finaliza cuando el producto es retirado del mercado pasando por las siguientes etapas:

• Adquisición de materias primas: se incluyen todas las actividades necesarias para la extracción de las materias primas y aportación de energía al medioambiente, comprendiendo todo el transporte previo a la producción.

• Proceso y fabricación: todas las acciones necesarias para convertir las materias primas y energía en el producto final.

• Distribución y transporte: logística y traslado del producto final al cliente.

- Uso, reutilización y mantenimiento: utilización del producto final a lo largo de su vida útil con el usuario.

- Reciclaje: comienza una vez que el producto ha terminado su función principal.

- Gestión de residuos: empieza cuando el producto se devuelve al medioambiente como residuo.

1.6.2. Análisis de ciclo de vida

El análisis de ciclo de vida (ACV) es una herramienta metodológica que sirve para medir el impacto ambiental de un producto, proceso o sistema a lo largo de todo su ciclo de vida (desde que se obtienen las materias primas hasta su fin de vida). Se basa en la recopilación y análisis de las entradas y salidas del sistema para obtener unos resultados que muestren sus impactos ambientales potenciales, con el objetivo de poder determinar estrategias para la reducción de los mismos.

La principal característica de esta herramienta es su enfoque holístico, es decir, que se basa en la idea de que todas las propiedades de un sistema no pueden ser determinadas o explicadas solo de manera individual por las partes que lo componen.

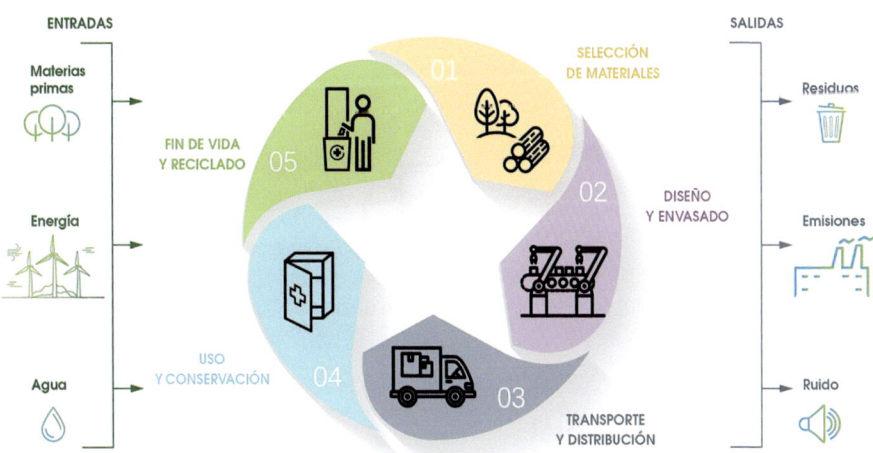

Figura 1.15. Análisis de ciclo de vida de producto. Fuente: Wikipedia.

Es necesaria la integración total de todos los aspectos que participan; de ahí el concepto de tener en cuenta todo el ciclo de vida del sistema. El ACV de un producto debería incluir todas las entradas/salidas de los procesos que participan a lo largo de su ciclo de vida: la extracción de materias primas y el procesado de los materiales necesarios para la manufactura de componentes, el uso del producto y finalmente su reciclaje y/o la gestión final. El transporte, almacenaje, distribución y otras actividades intermedias entre las fases del ciclo de vida también se incluyen cuando tienen la relevancia suficiente. A este tipo de ciclo de vida se lo denomina comúnmente «de la cuna a la tumba».

Los elementos que se tienen en cuenta dentro del ACV, comúnmente, se conocen como inputs/outputs (entradas/salidas):

- *Inputs*/entradas: uso de recursos y materias primas, partes y productos, transporte, electricidad, energía, etc, que se tienen en cuenta en cada proceso/fase del sistema.

- *Outputs*/salidas: emisiones al aire, al agua y al suelo, así como los residuos y los subproductos que se tienen en cuenta en cada proceso/fase del sistema.

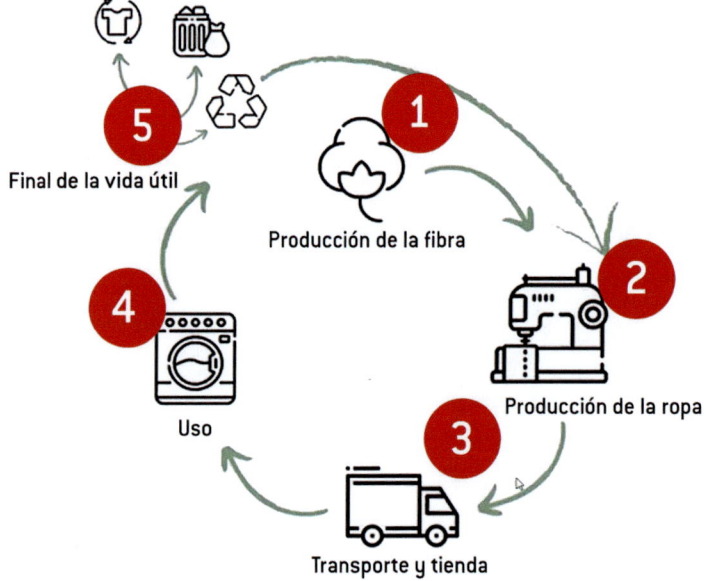

Figura 1.16. ACV de producción de telas, producción de prendas de ropa. Elaboración propia.

1.6.3. Impacto ambiental

Es todo cambio en el medioambiente, ya sea adverso o beneficioso, como resultado total o parcial de los aspectos ambientales de una organización.

> **ACTIVIDAD**
> Investiga a cerca de los principales impactos ambientales que genera la industria textil de la denominada *fast fashion*.

ENTRADAS		OPERACIÓN/ACTIVIDAD	SALIDAS	
ASPECTOS	**IMPACTOS**	**PROCESO DE:**	**ASPECTOS**	**IMPACTOS**
Consumo de alimento	Agotamiento del recurso	Fundición de metales	Generación de RR. SS. orgánicos	Contaminación del suelo
Consumo de energía eléctrica	Agotamiento del recurso	Extracción de minerales	Generación de aguas residuales	Contaminación del agua
Consumo de combustible	Agotamiento del recurso	Transporte de materiales peligrosos	Generación de RR. SS. de pinturas/ solventes/ neumáticos	Contaminación del suelo
Consumo de concreto	Agotamiento del recurso	Construcción de obras, etc.	Generación de gases	Contaminación del aire
			Incendio	Contaminación del aire

Figura 1.17. Aspectos e impactos ambientales en una empresa metalúrgica. Elaboración propia.

1.7. LA ENERGÍA Y LA SOCIEDAD

La energía es uno de los pilares fundamentales del progreso humano. En la actualidad, el papel del sistema energético constituye una de las prioridades de la agenda científica, política, económica y social, dadas las amplias repercusiones que tiene sobre el conjunto del planeta. El previsible agotamiento de los recursos de origen fósil y el cambio climático como consecuencia de las emisiones de efecto invernadero generan una serie de desafíos que trascienden a los actores individuales y los ámbitos nacionales, y exigen la búsqueda de soluciones comunes.

En los países desarrollados, en los que el acceso a la electricidad está garantizado, los desafíos del sector tienen que ver con la calidad, coste e impacto ambiental de esta energía. En el mundo en desarrollo, el acceso a fuentes modernas de energía para los 1400 millones de personas que carecen de esta constituye sin duda uno de los retos más importantes de la agenda internacional.

1.7.1. Fuentes de energía: de flujo y de *stock*

Pueden distinguirse dos tipos básicos de fuentes de energía: las energías de flujo y las energías de *stock*.

Las energías de *stock* son típicamente la geotermia, la atómica, el carbón mineral y, de manera excesivamente intensa, el petróleo y todos los combustibles fósiles. Se trata en este caso de *stocks* finitos, fuentes energéticas de baja entropía que proporcionan altas cantidades de energía utilizable para transformarla en trabajo.

Figura 1.18. Ejemplos de fuentes de energía de *stock*. Elaboración propia.

Las energías de flujo son típicamente la biomasa (la leña, los alimentos), el viento, los ríos y la radiación solar (como es el caso de todas las estrellas). En realidad, la fuente fundamental y primaria de energía es el sol, incluso de la geotermia, de la atómica o nuclear, de los vientos, de las corrientes marinas, de los ríos y de los combustibles fósiles (ya que se trata de biomasa fósil, resultado de la fotosíntesis de hace cientos de millones de años que, por procesos geológicos pasó de ser moléculas de carbohidratos a moléculas de hidrocarburos).

Figura 1.19. Ejemplos de fuentes de energía de flujo. Elaboración propia.

Desde 1989, la globalización se ha convertido en el vector más visible de los cambios en la sociedad y en la economía. Con el proceso de globalización, se ha llegado a una situación en la que las empresas han ido ganando influencia en el ámbito mundial, de modo que su poder resulta ser hoy en día mayor que nunca. Por otra parte, las expresiones «sociedad red», «sociedad posindustrial» o «sociedad del conocimiento» son términos ampliamente utilizados en la discusión actual en ciencias sociales. Todos ellos son conceptos que tratan de resumir las transformaciones sociales que están teniendo lugar en la sociedad moderna y que, al mismo tiempo, sirven para analizar dichas transformaciones.

Dentro de este contexto de globalización y de estructura de red, los tres pilares sobre los que se asientan las relaciones de una sociedad y de su economía son las Administraciones públicas (sector público), las empresas privadas (sector privado) y el tercer sector (el llamado sector sin ánimo de lucro o independiente). De cara a abordar los retos globales de la actualidad, y en particular aquellos relacionados con la energía, la interacción entre sector privado, sector público y tercer sector parece hoy más necesaria que nunca.

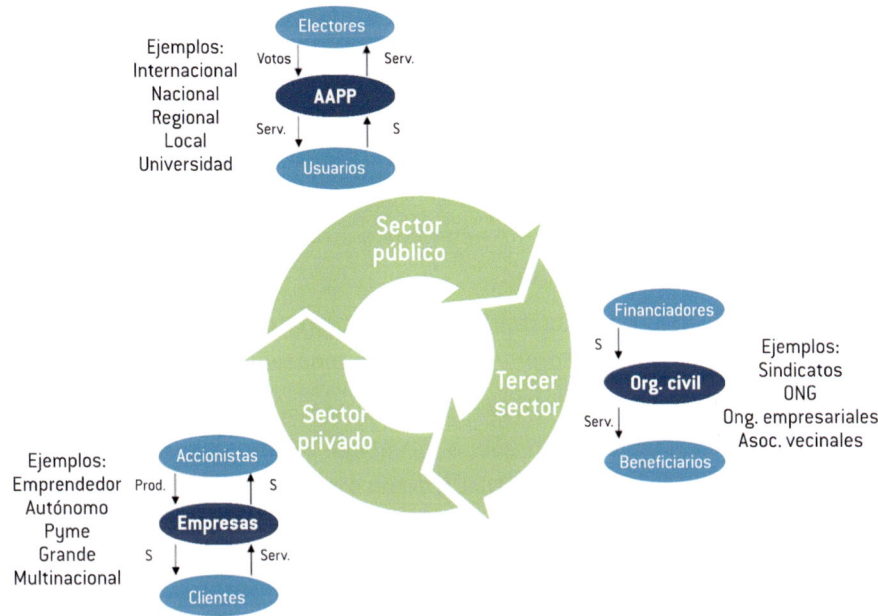

Figura 1.20. Contexto de la globalización. Fuente: Wikipedia.

En los países desarrollados, los nuevos desafíos del sector han hecho que los modelos tradicionales de intervención pública para la garantía de este servicio básico hayan sido sustituidos por modelos de mercado en algunas partes de la cadena de valor. Si bien los modelos de mercado para el suministro de energía tienen un amplio margen de interpretación en cada país, en cada sistema e, incluso, en cada circunstancia del mercado, todos ellos se sustentan en tres pilares básicos:

- Las empresas, que se financian con fondos de accionistas para ofrecer un conjunto de bienes y servicios que son retribuidos por los clientes, lo que se traduce en retribución del capital aportado por los accionistas a través de dividendos.

- El sector público, a través de las Administraciones, que son sostenidas por los electores, y que deben prestar determinados servicios y velar por el interés social. Por ello, la Administración también juega un papel como impulsora de la sostenibilidad social y ambiental que se plasma en tres áreas de actuación: (I) como regulador, (II) como catalizador o facilitador de las acciones que las empresas puedan emprender en el marco de la RSE (responsabilidad social empresarial), (III) como sensibilizador de la ciudadanía.

- El tercer sector, que incluye todas las organizaciones sin ánimo de lucro que se sostienen a través de las aportaciones voluntarias que hacen sus socios. Por su cercanía a las personas son las que mejor pueden detectar las prioridades y demandas en una comunidad. En el caso del mercado eléctrico, las asociaciones de consumidores ya cuentan con canales de relación con el mismo.

El mercado del sector eléctrico en España es un ejemplo de relación entre las empresas, la Administración pública y los consumidores que persigue dar respuesta a las necesidades de acceso a la energía. Si se analiza este mercado desde distintos puntos de vista, se puede definir como:

- Un modelo de funcionamiento económico en la prestación de un servicio básico para la población.

- Un esquema de trabajo compartido entre las empresas y la Administración (esquema alianza público-privado), con un modelo de regulación sectorial establecido.

- Una forma de organización que, a través de la Comisión Nacional de los Mercados y la Competencia (CNMC), como órgano especializado e independiente de la Administración, busca defender los intereses de los distintos grupos de interés, fundamentalmente de los consumidores.

- Un modelo de funcionamiento del sector en España que, además, ha permitido la creación de grupos energéticos globales liderados por empresas españolas, que tienen un importante papel, tanto en países desarrollados como en países en vías de desarrollo.

Desde el punto de vista de las empresas, profundizar en los desafíos sociales y ambientales constituye una oportunidad para avanzar en su contribución a la sociedad y para integrar estos criterios en sus estrategias y procesos de negocio.

Desde el punto de vista de la Administración, su papel es, por definición, velar por el interés social. Por ello, parece natural que las estrategias de mejora social y ambiental de las empresas encuentren apoyos y obligaciones en las Administraciones. El papel que juega la Administración en la búsqueda del interés general puede resumirse desde tres roles: en primer lugar, como regulador, contribuyendo con un cuerpo legislativo concreto a un mayor control del marco de actuación empresarial; en segundo lugar, como catalizador o facilitador de las acciones que las empresas, voluntariamente, puedan emprender en el marco de la RSE; en tercer lugar como sensibilizador de la ciudadanía para que sea esta la que demande, desde sus diferentes roles sociales (cliente, consumidor, trabajador, empresario, ciudadano en definitiva), a las empresas su compromiso social.

Finalmente, el tercer sector juega un papel relevante a la hora de canalizar las expectativas y demandas sociales, así como en aspectos como la sensibilización ciudadana y el consumo responsable. De esta forma, las organizaciones del tercer sector pueden contribuir al diálogo entre actores, desde una crítica constructiva y dispuesta a la búsqueda de consensos.

1.8. PREGUNTAS DE AUTOEVALUACIÓN

1.1.   ¿Cuál de los siguientes factores productivos se caracteriza por ser directamente relacionado con el esfuerzo humano y por su flexibilidad para adaptarse a distintas etapas de producción?

    a.   Capital.

    b.   Tecnología.

    c.   Trabajo.

    d.   Tierra.

1.2.   ¿Cuál de los siguientes ejemplos corresponde al uso del capital fijo como factor productivo?

    a.   Agua utilizada en procesos industriales.

    b.   Dinero en efectivo para el pago de salarios.

    c.   Maquinaria empleada en la fabricación de productos.

    d.   Trabajo del operario en una línea de ensamblaje.

1.3.   ¿Cuál es la definición moderna de economía más aceptada?

    a.   Ciencia que estudia el comercio y la moneda.

    b.   Ciencia que administra una casa.

    c.   Ciencia que estudia cómo administrar recursos escasos para satisfacer necesidades humanas.

    d.   Ciencia que estudia la historia de la humanidad.

1.4.   ¿Qué tipo de bien es un libro de texto que se usa en una escuela?

    a.   Bien intermedio.

    b.   Servicio.

    c.   Bien de capital.

    d.   Bien de consumo.

1.5. ¿Cuál de los siguientes recursos energéticos es renovable?

    a. Carbón.

    b. Petróleo.

    c. Energía solar.

    d. Gas natural.

1.6. ¿Qué actividad económica corresponde a una empresa que produce y vende zapatos?

    a. Distribución.

    b. Producción.

    c. Consumo.

    d. Intercambio.

1.7. ¿Cuál es el objetivo principal del desarrollo sostenible según el Informe Brundtland?

    a. Aumentar el comercio internacional.

    b. Satisfacer las necesidades del presente sin comprometer las de las futuras generaciones.

    c. Reducir los costes de producción en los países en desarrollo.

    d. Eliminar todos los residuos industriales.

1.8. ¿Qué caracteriza a una actividad extractiva?

    a. Transformar materias primas en productos terminados.

    b. Producir bienes con alto valor agregado.

    c. Obtener recursos naturales sin someterlos a transformación.

    d. Elaborar productos tecnológicos a partir de recursos naturales.

1.9. ¿Qué riesgo implica una explotación indiscriminada de actividades extractivas?

    a. Incremento del valor de los productos.

    b. Sobreabundancia de materias primas.

    c. Pérdida de competitividad en los mercados.

    d. Agotamiento de recursos naturales.

1.10. ¿Qué establece el primer principio de la termodinámica?

   a. El calor fluye de objetos fríos a calientes.

   b. La energía puede ser creada en sistemas cerrados.

   c. La energía no se crea ni se destruye, solo se transforma.

   d. La entropía siempre se mantiene constante.

1.11. Según la economía ecológica y la termodinámica, ¿qué sucede cuando transformamos energía de fácil acceso?

   a. Se convierte completamente en energía útil.

   b. Se recicla sin pérdida alguna.

   c. Se incrementa la entropía y se genera desperdicio.

   d. Aumenta la eficiencia económica sin consecuencias.

1.12. ¿Qué representa el ciclo de vida de un producto?

   a. El tiempo que tarda en venderse.

   b. Las etapas desde su diseño hasta su desaparición.

   c. La duración de su garantía.

   d. Solo su etapa de fabricación.

1.13. ¿Cuál es la primera etapa del ciclo de vida de un producto?

   a. Uso y mantenimiento.

   b. Proceso y fabricación.

   c. Distribución y transporte.

   d. Adquisición de materias primas.

1.14. ¿Qué se incluye en la etapa de proceso y fabricación?

   a. El reciclaje de materiales.

   b. Actividades de marketing.

   c. La transformación de materias primas en el producto final.

   d. El mantenimiento del producto.

1.15. ¿Qué objetivo tiene el análisis del ciclo de vida (ACV)?

    a. Diseñar productos más bonitos.

    b. Medir la rentabilidad económica de un producto.

    c. Medir el impacto ambiental durante toda la vida del producto.

    d. Aumentar el volumen de ventas.

1.16. ¿Qué alternativa NO es una estrategia para reducir el impacto ambiental de un producto?

    a. Utilizar materiales más sostenibles.

    b. Hacer productos de un solo uso.

    c. Fomentar la reutilización de componentes.

    d. Diseñar productos reciclables.

1.17. ¿Qué se entiende por inputs en el análisis de ciclo de vida?

    a. Emisiones al aire y al agua.

    b. Recursos, materiales y energía utilizados.

    c. Beneficios obtenidos en ventas.

    d. Opiniones de los usuarios.

1.18. ¿Qué se entiende por outputs en el análisis de ciclo de vida?

    a. Ideas para mejorar el producto.

    b. Coste de distribución.

    c. Emisiones, residuos y subproductos generados.

    d. Beneficios económicos del producto.

1.19. ¿Qué etapa del ciclo comienza cuando el producto ya no cumple su función principal?

    a. Distribución.

    b. Uso y mantenimiento.

    c. Reciclaje.

    d. Procesado.

1.20. ¿Cómo se llama el enfoque del ACV que considera todas las fases desde el origen hasta el final del producto?

a. Enfoque limitado.

b. Evaluación parcial.

c. De la cuna a la tumba.

d. Enfoque técnico.

2. FUNCIONAMIENTO DEL MEDIO NATURAL

2.1. ECOSISTEMA

En biología, un ecosistema es un sistema que está formado por un conjunto de organismos, el medioambiente físico en el que viven (hábitat) y las relaciones tanto bióticas como abióticas que se establecen entre ellos. Las especies de seres vivos que habitan un determinado ecosistema interactúan entre sí y con el medio, determinando el flujo de energía y de materia que ocurre en ese ambiente.

Por ejemplo, el lago es un ecosistema acuático de agua dulce más o menos transparente, en el que viven algas, plantas acuáticas, insectos, gusanos, etc. La estepa es otro ecosistema caracterizado por desarrollarse sobre suelos pobres y áridos, en el que viven plantas y animales adaptados a este ambiente, como tomillo, romero, liebre, lagartijas, etc .

Figura 2.1. Ejemplo de ecosistema. Fuente: MITECO.

Cuando hablamos de ecosistemas, no solo vemos todas las poblaciones y especies diferentes en un área dada, sino también el ambiente físico sin vida, las condiciones abióticas, el prefijo «a» significa 'sin' y la raíz de la palabra «bio» significa 'vida', por tanto, abiótico significa literalmente 'sin vida' o, en otras palabras, no vivo, y no nos referimos solo a cuáles son, sino también a cómo impactan en los organismos y, en algunos casos, cómo estos afectan al entorno físico. Por ejemplo, la temperatura y los patrones de precipitación determinan dónde viven diferentes especies terrestres de plantas y animales. Algunas especies pueden sobrevivir en las condiciones secas del desierto, otras necesitan las altas precipitaciones que hay en los bosques lluviosos. Pero los mismos bosques también influyen en los patrones de temperatura y precipitación. ¿Alguna vez has notado que en un día caluroso de verano se siente más fresco y húmedo a la sombra de un bosque que a cielo abierto? Y los gusanos cambian la estructura y composición del suelo a medida que se mueven a través de él.

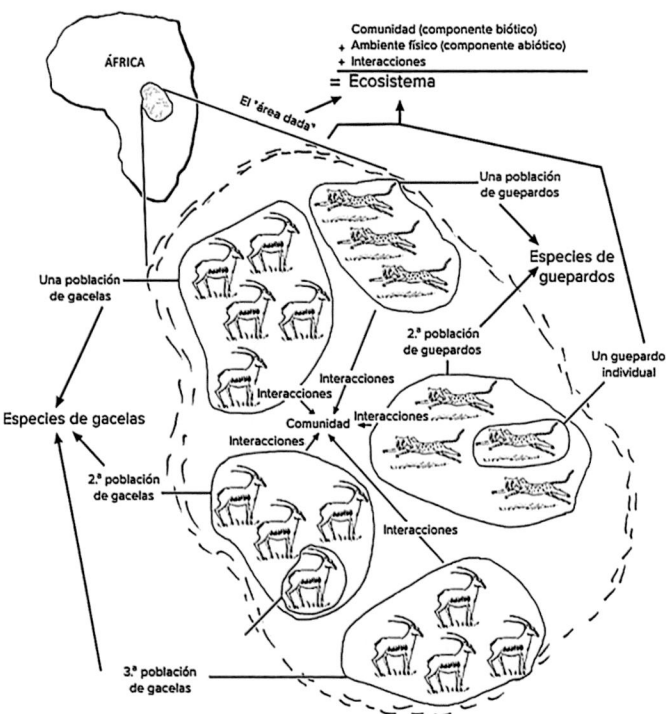

Figura 2.2. Relación entre los niveles ecológicos. Fuente: Khan Academy.

¿De qué tamaño es un ecosistema? Podría ser tan pequeño como un patio trasero, o todo el campo australiano. Los distintos tamaños o escalas son apropiados para diferentes tipos de estudios, informes y políticas.

El diagrama de arriba te ayudará a visualizar cómo se relacionan entre sí los diferentes niveles ecológicos. Los individuos forman una población, las poblaciones forman una especie, las múltiples especies y sus interacciones forman una comunidad y muchas comunidades en interacción conforman ecosistemas cuando se incluyen los factores abióticos. Esta es la jerarquía de la ecología.

2.1.1. Componentes de un ecosistema

Los ecosistemas están formados por dos tipos de componentes: bióticos y abióticos.

Los componentes bióticos son los seres vivos que habitan un ecosistema. Incluyen plantas, animales, hongos, bacterias y otros microorganismos.

Los componentes abióticos son los factores físicos y químicos que rodean a los seres vivos. Incluyen el aire, el agua, el suelo, el clima, la luz solar y los nutrientes.

2.1.1.1. Componentes bióticos

Los componentes bióticos de un ecosistema se pueden clasificar en tres grupos principales:

- Productores: los productores son los organismos que producen su propio alimento. Las plantas son los principales productores de los ecosistemas terrestres, mientras que las algas son los principales productores de los ecosistemas acuáticos.

- Consumidores: los consumidores son los organismos que se alimentan de otros organismos. Los consumidores se pueden clasificar en tres grupos principales:

  - Herbívoros: los herbívoros se alimentan de plantas.

  - Carnívoros: los carnívoros se alimentan de otros animales.

  - Omnívoros: los omnívoros se alimentan de plantas y animales.

- Descomponedores: los descomponedores son los organismos que descomponen los restos de los seres vivos. Las bacterias y los hongos son los principales descomponedores de los ecosistemas.

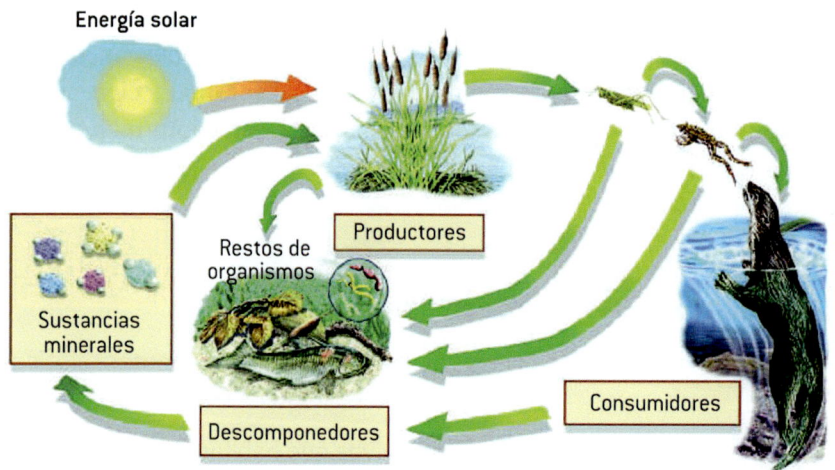

Figura 2.3. Componentes bióticos. Fuente: Wikipedia.

2.1.1.2. Componentes abióticos

Los componentes abióticos de un ecosistema son esenciales para la supervivencia de los seres vivos. Proporcionan los recursos necesarios para la vida, como alimento, agua, oxígeno y refugio.

Los principales componentes abióticos de un ecosistema son:

- Aire: el aire es esencial para la respiración de los seres vivos. También transporta el dióxido de carbono, que las plantas necesitan para la fotosíntesis.

- Agua: el agua es esencial para la vida. Los seres vivos necesitan agua para beber, para regular su temperatura corporal y para transportar nutrientes.

- Suelo: el suelo es el hábitat de muchos organismos, como las plantas, los animales y los hongos. También proporciona nutrientes a las plantas.

- Clima: el clima determina las condiciones físicas del ambiente, como la temperatura, la humedad y la precipitación. Estas condiciones afectan el crecimiento de las plantas y la distribución de los animales.

- Luz solar: la luz solar es necesaria para la fotosíntesis, el proceso mediante el cual las plantas producen su propio alimento.

- Nutrientes: los nutrientes son sustancias químicas que las plantas y los animales necesitan para crecer y desarrollarse. Los nutrientes se encuentran en el suelo, en el agua y en el aire.

Los componentes bióticos y abióticos de un ecosistema están interrelacionados. Los seres vivos dependen de los factores abióticos para sobrevivir, y los factores abióticos dependen de los seres vivos para mantener su equilibrio.

2.1.2. Características de un ecosistema

- Están formados por factores bióticos y abióticos que se interrelacionan de forma dinámica a través de las cadenas tróficas, es decir, el flujo de materia y energía.

- Varían en tamaño y estructura según su tipo.

- Pueden ser terrestres (en relieves como el desierto, la montaña, la pradera), acuáticos (de agua dulce o salada) o mixtos (como los que pueden encontrarse en humedales).

- Pueden ser naturales o artificiales (creados y/o intervenidos por el ser humano).

- Existe en muchos de ellos una gran biodiversidad.

- Son ambientes dinámicos y variables que experimentan cambios naturales o artificiales y un constante flujo de energía y nutrientes entre los factores (tanto bióticos como abióticos) que los constituyen. Se denomina «ecotono» a la zona de transición entre un ecosistema y otro.

- La fuente principal de energía en los ecosistemas es la que proviene de la radiación solar. Esta energía es aprovechada por los productores (que son el primer nivel trófico de las cadenas alimentarias) para fijar la materia inorgánica en orgánica.

- Son sistemas complejos debido a las interacciones entre sus miembros. A mayor biodiversidad, mayor complejidad del ecosistema.

- Pueden ser alterados de manera natural (como las catástrofes naturales) o por la acción del hombre (como la deforestación, la contaminación y la pesca indiscriminada). Las alteraciones por acción del hombre pueden causar daños irreversibles en los ecosistemas, ya que muchas veces las especies que allí habitan no pueden adaptarse a los cambios producidos en el medio.

- Son estudiados por la ecología, rama de la biología que estudia a los seres vivos y su relación con el medio que habitan.

EJEMPLOS

Arrecifes coralinos. Son una de las más grandes concentraciones de vida en el mundo submarino y tienen lugar dentro y alrededor de las estructuras coralinas que forman una barrera natural. Debido a la abundancia de materia orgánica que vive en ellos, numerosas especies de peces, crustáceos y moluscos pequeños sirven, a su vez, de alimento para depredadores.

Zonas abisales submarinas. Son ecosistemas extremos, de poca presencia animal y nula presencia vegetal, ya que la ausencia de luz solar impide la fotosíntesis. Los organismos vivos que allí habitan se adaptan a la enorme presión del agua y a la baja cantidad de nutrientes.

Ecosistemas polares. Son ecosistemas que se caracterizan por temperaturas muy bajas y poca humedad atmosférica. A pesar de ello, poseen un mar rico en plancton y una vida animal adaptada a las aguas heladas: los animales presentan cuerpos peludos y densas capas de grasa.

2.2. REDES TRÓFICAS

Se denomina red trófica, red alimentaria o ciclo alimenticio a la natural interconexión de todas las cadenas alimenticias pertenecientes a una comunidad ecológica. Generalmente es representada de manera visual, a modo de una red o también de una pirámide.

Dichas cadenas alimentarias describen linealmente el modo en que la materia y la energía pasan de unos seres vivos a otros dentro de un hábitat específico. Dicho de otra forma, la suma de todas las cadenas tróficas de un ecosistema dará como resultado su red alimentaria.

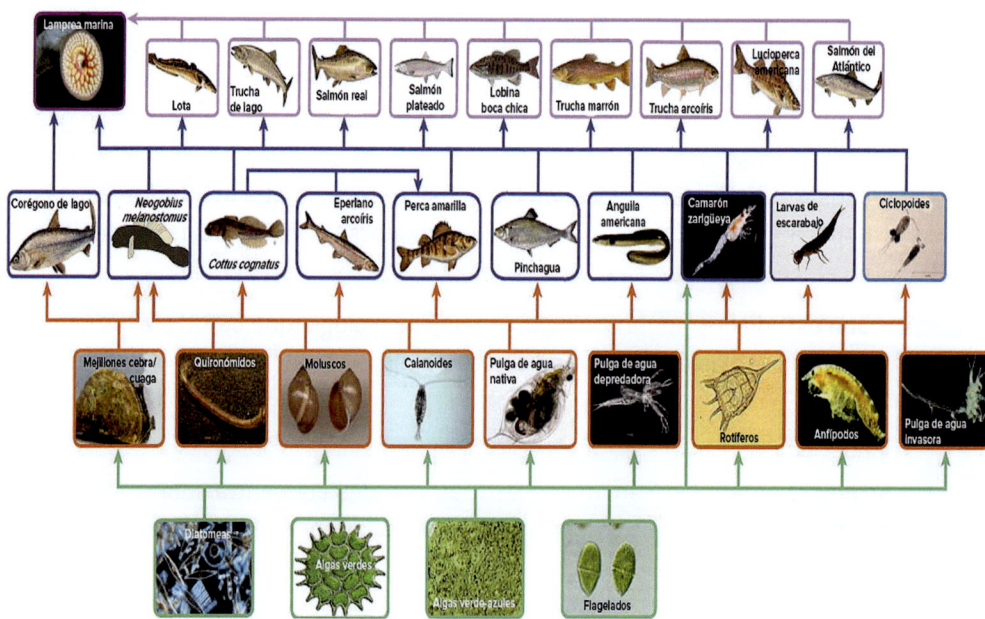

Figura 2.4. Redes tróficas. Fuente: Ecología de ecosistemas.

En las redes tróficas, las flechas apuntan desde un organismo que es devorado hacia el que se lo come. Como muestra la red trófica de la Figura 25, algunas especies pueden comer organismos de más de un nivel trófico. Por ejemplo, los camarones misidáceos comen tanto productores primarios como consumidores primarios.

Las relaciones tróficas entre diversas formas de vida se comprenden en base a una distinción primaria y fundamental entre los organismos:

• Organismos autótrofos. Son capaces de sintetizar sus nutrientes a partir de materia inorgánica.

• Organismos heterótrofos. Son incapaces de dicha síntesis y, por tanto, están obligados a consumir la materia orgánica de otros seres vivientes, ya sean autótrofos o heterótrofos a su vez.

Cada una de estas categorías compone un nivel trófico, en el que pueden clasificarse a todos los seres vivos. Sin embargo, los organismos heterótrofos o consumidores se subdividen en distintos grupos a su vez, dependiendo de qué estrategias ponen en marcha para consumir la materia orgánica de otros seres vivos y de qué tipo de seres vivos suelen alimentarse.

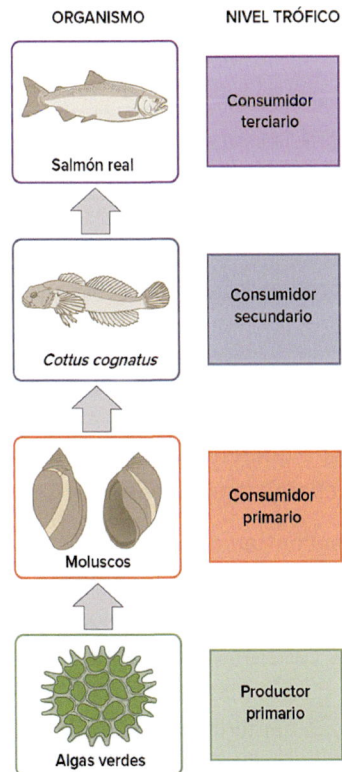

Figura 2.5. La cadena alimentaria. Fuente: Ecología de ecosistemas.

Es decir, que entre los heterótrofos se encuentran:

- Herbívoros o consumidores primarios. Se alimentan de las plantas y otros seres autótrofos.

- Carnívoros o consumidores secundarios. Se alimentan de los herbívoros.

- Depredadores o consumidores terciarios. Se alimentan tanto de los primarios como de los secundarios.

- Organismos descomponedores. Son heterótrofos también, pero se nutren de materia orgánica en descomposición, o sea, muerta.

Las redes tróficas juegan un papel fundamental en el equilibrio de los ecosistemas, ya que representan las interacciones alimentarias entre los diferentes organismos que conforman una comunidad. Estas redes describen la transferencia de energía y nutrientes a lo largo de la cadena alimentaria, desde los productores (plantas) hasta los consumidores primarios, secundarios, terciarios y descomponedores.

En una red trófica, cada organismo ocupa un nivel trófico específico y se alimenta de los organismos ubicados en niveles inferiores. Esta estructura jerárquica permite regular el número de individuos en cada población, controlando así el equilibrio de las poblaciones y evitando la proliferación descontrolada de ciertas especies. Además, las redes tróficas contribuyen a la estabilidad de los ecosistemas al permitir la circulación eficiente de nutrientes y energía, favoreciendo la diversidad biológica y la resiliencia frente a cambios ambientales.

Es importante destacar que las interacciones en una red trófica no son lineales, sino que se entrelazan en una red compleja de conexiones. La extinción o disminución de una especie en la red puede tener efecto cascada en otros organismos, afectando el equilibrio del ecosistema en su conjunto. Por tanto, conservar y proteger las redes tróficas es crucial para mantener la salud y la estabilidad de los ecosistemas en nuestro planeta.

Las redes tróficas desempeñan un papel fundamental en la regulación de las poblaciones biológicas dentro de un ecosistema. Estas redes representan las interacciones alimentarias entre diferentes especies, mostrando quién se alimenta de quién y cómo fluye la energía a través de los distintos niveles tróficos.

En una red trófica típica, encontramos a los productores en el primer nivel, como las plantas que realizan la fotosíntesis y capturan la energía del sol. A continuación, se sitúan los consumidores primarios, que se alimentan de los productores, seguidos de los consumidores secundarios que se alimentan de los consumidores primarios, y así sucesivamente hasta llegar a los consumidores tope en la cima de la cadena alimentaria.

La diversidad y la estabilidad de una red trófica están estrechamente relacionadas. Cuantas más conexiones existan entre las diferentes especies, mayor será la estabilidad del ecosistema. Por ejemplo, si una especie desaparece de la red trófica, esto puede tener efectos en cascada, afectando a otras especies y desequilibrando todo el ecosistema.

ACTIVIDADES

Investiga sobre las diferentes especies que habitan cerca de tu localidad y elabora con ellos una red trófica donde participen dichas especies. Compártelo en clase.

Identifica dos especies en peligro de extinción o en situación crítica (flora o fauna), e investiga a cerca de las causas y consecuencias.

2.2.1. Beneficios clave de las redes tróficas en la regulación de poblaciones

- Mantenimiento del equilibrio: las redes tróficas equilibradas ayudan a regular las poblaciones de especies, evitando el crecimiento descontrolado de ciertos organismos y manteniendo así el equilibrio en el ecosistema.

- Resistencia a cambios: una mayor biodiversidad en las redes tróficas proporciona una mayor estabilidad frente a cambios ambientales o la introducción de especies invasoras. Esto se debe a que la redundancia funcional permite que otros organismos ocupen el nicho ecológico de una especie afectada.

- Reciclaje de nutrientes: los descomponedores en las redes tróficas se encargan de descomponer la materia orgánica muerta, liberando nutrientes nuevamente al ecosistema y cerrando así el ciclo de nutrientes de manera eficiente.

Los ecosistemas con redes tróficas más complejas y diversas son menos propensos a experimentar colapsos ecológicos, lo que resalta la importancia de preservar la biodiversidad en todos los niveles tróficos.

Las redes tróficas desempeñan un papel fundamental en la biodiversidad y estabilidad de los ecosistemas al regular las interacciones entre especies y mantener un equilibrio dinámico. Preservar y proteger estas redes es esencial para garantizar la salud y la sostenibilidad de los ecosistemas en nuestro planeta.

2.2.2. Impacto humano en las redes tróficas y sus consecuencias para el equilibrio ecológico

El impacto humano en las redes tróficas ha tenido consecuencias significativas para el equilibrio ecológico de los ecosistemas en todo el mundo. La actividad humana, como la deforestación, la pesca excesiva, la contaminación y el cambio climático, ha alterado drásticamente las interacciones dentro de estas redes, desencadenando efectos en cascada que afectan a todas las especies involucradas.

Uno de los principales problemas causados por la intervención humana en las redes tróficas es la pérdida de biodiversidad. Cuando se elimina una especie clave de la red, ya sea por la caza indiscriminada o la destrucción de su hábitat, se rompen los vínculos alimenticios y se debilita toda la estructura trófica. Esto puede llevar a un desequilibrio en las poblaciones de otras especies, causando un efecto dominó que puede resultar en la extinción de varias especies.

Por ejemplo, la sobrepesca en los océanos ha llevado a la disminución de depredadores tope como los tiburones, lo que ha provocado un aumento descontrolado de las poblaciones de especies que son presa de estos depredadores. Esta situación desestabiliza toda la red trófica marina, afectando no solo a las poblaciones de peces, sino también a otros organismos marinos y a los ecosistemas en su conjunto.

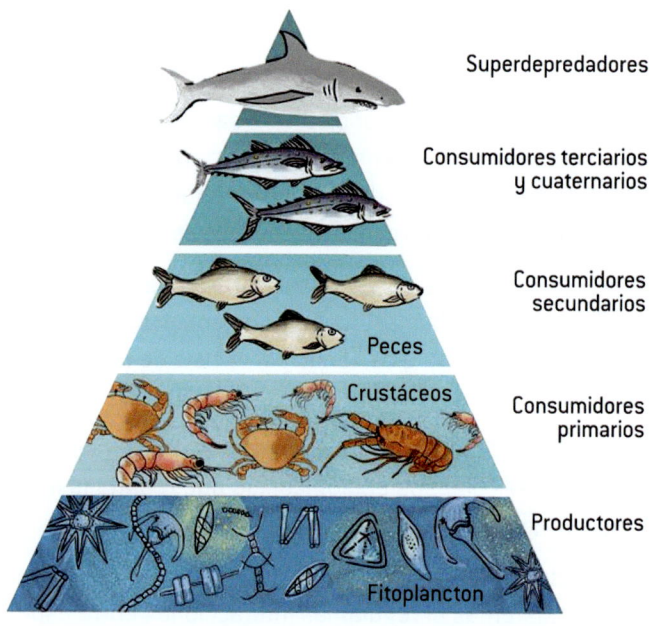

Figura 2.6. Cadena trófica en el mar. Fuente. Wikipedia.

Las consecuencias de la alteración de las redes tróficas por la actividad humana son diversas y pueden tener un impacto duradero en los ecosistemas. Algunas de las principales consecuencias incluyen:

- Desaparición de especies: la alteración de las redes tróficas puede llevar a la extinción de especies, especialmente aquellas que ocupan niveles tróficos altos y son vulnerables a los cambios en su entorno.

- Desbalance poblacional: la disminución de ciertas poblaciones y el aumento excesivo de otras pueden provocar desequilibrios en las interacciones dentro de la red trófica, afectando la dinámica de los ecosistemas.

- Impacto en la cadena alimentaria: la eliminación de especies clave en la red trófica puede alterar la cadena alimentaria, afectando la disponibilidad de recursos para otras especies y generando efectos negativos en cascada.

Para mitigar los impactos negativos de la actividad humana en las redes tróficas y restaurar el equilibrio ecológico, es fundamental tomar medidas de conservación y manejo sostenible de los recursos naturales. Algunas recomendaciones clave incluyen:

a) Implementar áreas protegidas: establecer reservas naturales y áreas marinas protegidas para preservar los ecosistemas y permitir la recuperación de las poblaciones de especies clave en las redes tróficas.

b) Regular la pesca y caza: establecer cuotas de pesca sostenibles y regulaciones para la caza de especies, con el objetivo de evitar la sobreexplotación y proteger a los depredadores tope.

c) Reducir la contaminación: implementar medidas para reducir la contaminación del aire, agua y suelo, con el fin de proteger la salud de los ecosistemas y las especies que dependen de ellos.

El impacto humano en las redes tróficas tiene consecuencias significativas para el equilibrio ecológico de los ecosistemas. Es fundamental tomar medidas urgentes para conservar estas redes y restaurar la armonía en los ecosistemas, garantizando la supervivencia de las especies y la salud del planeta en su conjunto.

ACTIVIDAD

Investiga sobre las especies invasoras y los efectos que causan en las redes tróficas, como, por ejemplo: mejillón cebra, estornino, arroyuela, avispa asiática, etcétera.

2.3. FLUJO DE ENERGÍA Y MATERIA A TRAVÉS DE LOS ECOSISTEMAS

La energía se transfiere entre los niveles tróficos cuando un organismo se come a otro y obtiene las moléculas ricas en energía del cuerpo de su presa. Sin embargo, esta transferencia es ineficiente y esta ineficacia limita la longitud de las cadenas alimentarias.

Cuando la energía entra en un nivel trófico, parte de ella es almacenada como biomasa, pasa a formar parte del cuerpo del organismo. Esta es la energía que queda disponible para el siguiente nivel trófico, ya que solo la energía almacenada como biomasa puede ser consumida. Por regla general, solo alrededor del 10 % de la energía almacenada como biomasa en un nivel trófico, por unidad de tiempo, termina como biomasa en el siguiente nivel trófico, en la misma unidad de tiempo. Es bueno tener en mente esta regla del 10 % de transferencia de energía.

Como ejemplo, supongamos que los productores primarios de un ecosistema almacenan 20 000 kcal/año de energía en biomasa. Esta es también la cantidad de energía disponible por año para los consumidores primarios que se comen a los productores. La regla del 10 % predice que los consumidores primarios solo almacenarán 2000 kcal/año de energía en sus cuerpos, lo que reduce la tasa a la que los depredadores —consumidores secundarios— pueden disponer de energía.

Este patrón de transferencia parcial limita la longitud de las cadenas alimentarias; después de cierto número de niveles tróficos, por lo general entre tres y seis, la energía que fluye es muy poca para mantener una población de un nivel superior.

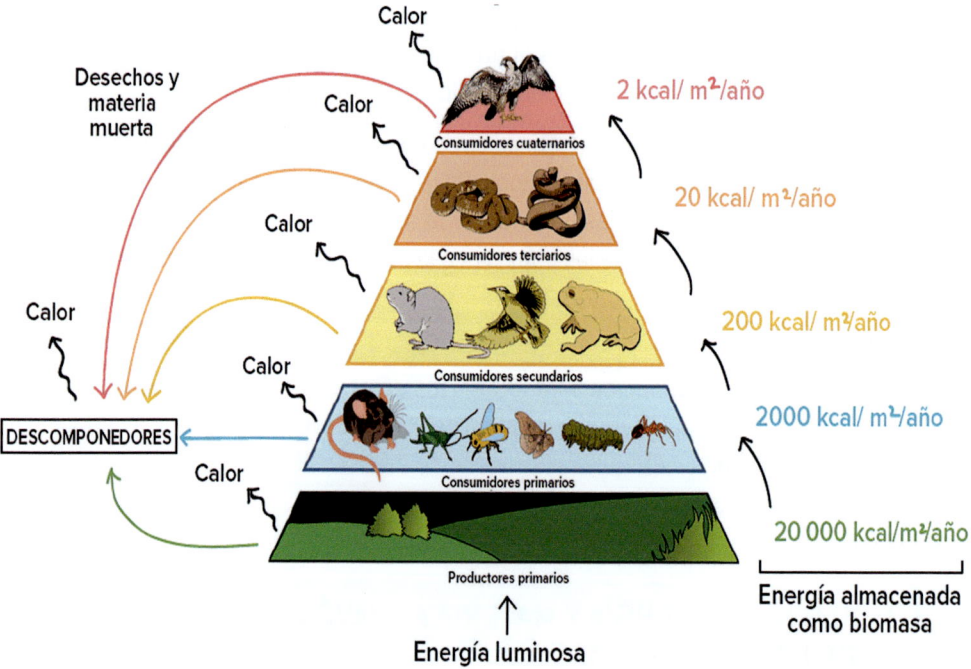

Figura 2.7. Transferencia de calor en los niveles tróficos. Fuente: Ecological pyramid.

¿Por qué sale tanta energía entre un nivel trófico y el siguiente? ¿Estas son algunas de las razones principales que explican la transferencia de energía ineficiente?

- En cada nivel trófico, una cantidad significativa de energía se disipa como calor a medida que los organismos llevan a cabo la respiración celular y realizan sus vidas diarias.

- Parte de las moléculas orgánicas que consume un organismo no son digeridas y salen del cuerpo como heces, excrementos, en lugar de ser utilizadas.

- No todos los organismos individuales en un nivel trófico serán devorados por los organismos del siguiente nivel, algunos morirán sin haber sido consumidos.

Las heces y los organismos muertos no consumidos se convierten en alimento para los descomponedores, quienes los metabolizan y convierten su energía en calor mediante la respiración celular. Así que, la energía no desaparece en realidad, al final toda termina como calor.

La materia se recicla

La materia se recicla a través de los ecosistemas de la Tierra, aunque puede pasar de un ecosistema a otro, como sucede cuando los nutrientes son arrastrados hacia un río. Los mismos átomos se usan una y otra vez, forman diferentes compuestos químicos y se incorporan a los cuerpos de distintos organismos.

Como ejemplo, veamos cómo los nutrientes químicos se mueven a través de un ecosistema terrestre. Una planta terrestre toma dióxido de carbono de la atmósfera y absorbe otros nutrientes del suelo, como el nitrógeno y el fósforo; con ellos forma las moléculas que conforman sus células. Cuando un animal come la planta, usa las moléculas de esta para obtener energía y materia para sus propias células, a menudo reorganizando los átomos y moléculas en nuevas formas.

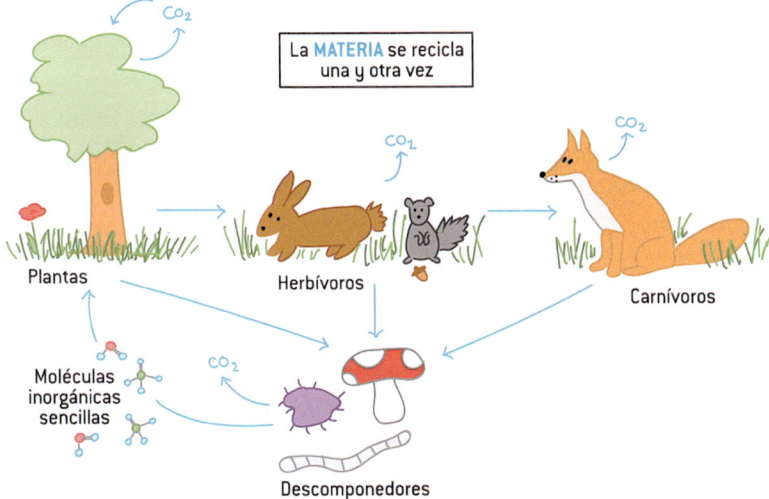

Figura 2.8. Ciclo de la materia. Fuente: basada en una imagen semejante de J. A. Nilsson.

Cuando las plantas y los animales llevan a cabo la respiración celular —descomponen las moléculas para usarlas como combustible— se libera dióxido de carbono hacia la atmósfera.

De manera similar, cuando excretan desechos o mueren, sus compuestos químicos son utilizados por las bacterias y los hongos como fuente de energía y material de construcción. Estos descomponedores liberan moléculas sencillas de vuelta al suelo y a la atmósfera, donde pueden ser absorbidos nuevamente en la siguiente ronda del ciclo.

Gracias a este reciclaje, los átomos que componen tu cuerpo ahora mismo han tenido historias largas y únicas.

El flujo de la energía es unidireccional

A diferencia de la materia, la energía no puede ser reciclada en los ecosistemas. En cambio, su flujo a través de ellos es una vía de un solo sentido, generalmente, de luz a calor.

La energía generalmente ingresa en los ecosistemas como luz solar y es capturada en forma química por los fotosintetizadores como las plantas y algas. Entonces pasa a través del ecosistema, cambiando de forma a medida que los organismos metabolizan, producen desechos, se comen entre ellos y finalmente mueren y se descomponen.

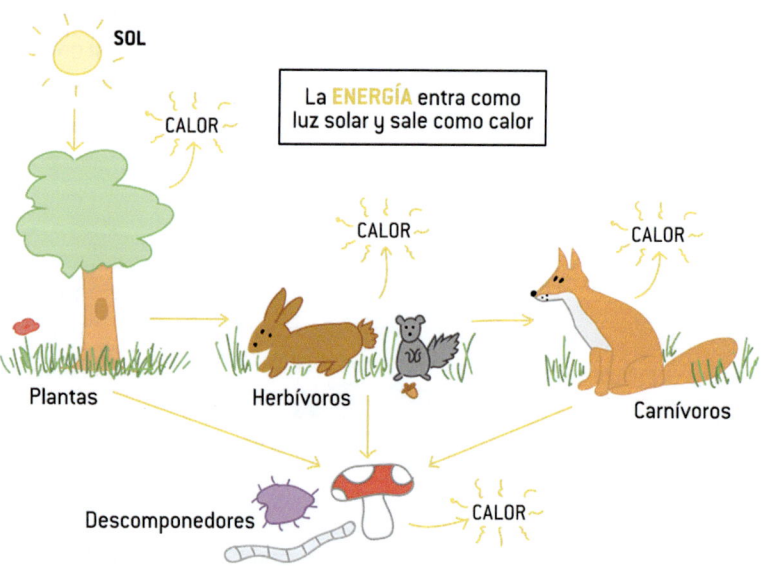

Figura 2.9. Ciclo de la energía. Fuente: basada en una imagen semejante de J. A. Nilsson.

Cada vez que la energía cambia de forma, parte de ella se convierte en calor. El calor sigue contando como energía, y, por tanto, ninguna parte de ella se destruye, pero los seres vivos generalmente no pueden utilizar el calor como fuente de energía. Al final, la energía que entró en el ecosistema como luz solar se disipa como calor e irradia de vuelta hacia el espacio.

Este flujo de energía unidireccional a través de los ecosistemas significa que cada ecosistema necesita un suministro constante de energía, usualmente en forma de luz solar, para poder funcionar. La energía puede pasar entre organismos, pero no puede ser reciclada porque parte de ella se pierde en forma de calor en cada transferencia.

Estabilidad y dinámica de los ecosistemas

Los ecosistemas son sistemas dinámicos y un ecosistema estático sería un ecosistema muerto, del mismo modo que una célula estática es una célula muerta. La energía fluye constantemente a través de los ecosistemas y los nutrientes químicos se reciclan continuamente. A un nivel de organización más alto, los organismos nacen y mueren, las poblaciones fluctúan en sus cifras y los patrones climáticos varían estacionalmente y en formas cada vez menos predecibles.

Equilibrio y perturbación

El equilibrio es el estado estable de un ecosistema, en el que su composición e identidad permanecen generalmente constantes a pesar de las variaciones en las condiciones físicas y la estructura de la comunidad biótica. El equilibrio de los ecosistemas puede romperse por perturbaciones, sucesos adversos que afecten su composición.

Algunas perturbaciones son el resultado de procesos naturales. Por ejemplo, los incendios son una perturbación que puede ser provocada por la caída de un rayo en un ecosistema de pradera o bosque. Otras perturbaciones son el resultado de la actividad humana; algunos ejemplos son la lluvia ácida, la deforestación, la proliferación de algas y la introducción de especies invasoras.

Los diferentes ecosistemas responden de distinta forma a la misma perturbación: algunos se recuperan rápidamente, mientras que otros lo hacen lentamente o no se recuperan en absoluto.

Algunas veces se usan dos parámetros para describir cómo responde un ecosistema ante una perturbación: resistencia y resiliencia. La capacidad de un ecosistema para permanecer en equilibrio a pesar de las perturbaciones se llama resistencia. La rapidez con la que el ecosistema recupera su equilibrio después de una perturbación es su resiliencia.

La biodiversidad de un ecosistema juega un papel clave en la estabilidad. Por ejemplo, si solo existiera una especie de planta con una función particular en un ecosistema, una perturbación que dañe a esa especie —digamos, una sequía para una especie sensible a ella— puede tener un fuerte impacto en el ecosistema en conjunto. En cambio, si hay varias plantas con funciones parecidas, hay una mayor probabilidad de que alguna sea resistente a la sequía y pueda ayudar a todo el ecosistema a sobrevivir al período seco.

La resistencia y la resiliencia de un ecosistema son importantes cuando consideramos los efectos de las perturbaciones provocadas por la actividad humana. Si una perturbación es lo suficientemente grave puede cambiar al ecosistema más allá del punto de recuperación y llevarlo hasta donde ya no es resiliente. Una perturbación de este tipo puede conducir a una alteración permanente o a la pérdida del ecosistema.

2.4. BIODIVERSIDAD

La Tierra está llena de vida, desde los organismos microscópicos unicelulares hasta los enormes y pesados elefantes; desde los adorables gatos hasta los feroces grandes tiburones blancos. Toda esta variedad tiene un término especial que quizás ya hayas oído: biodiversidad.

La biodiversidad o diversidad biológica es la variedad de la vida. Este reciente concepto incluye varios niveles de la organización biológica. Abarca a la diversidad de especies de plantas, animales, hongos y microorganismos que viven en un espacio determinado; a su variabilidad genética; a los ecosistemas de los cuales forman parte estas especies y a los paisajes o regiones en donde se ubican los ecosistemas. También incluye los procesos ecológicos y evolutivos que se dan con respecto a genes, especies, ecosistemas y paisajes.

Medir los aspectos de la biodiversidad es importante para comprender la salud de la Tierra y sus ecosistemas.

La importancia de la protección de la biodiversidad y el medioambiente es fundamental para el equilibrio de nuestro planeta y la supervivencia de todas las formas de vida. La biodiversidad se refiere a la variedad de seres vivos en la Tierra, incluyendo plantas, animales, hongos y microorganismos, así como los ecosistemas en los que interactúan. A su vez, el medioambiente engloba el entorno que rodea a estos organismos, abarcando desde los océanos y bosques hasta los ambientes urbanos.

La biodiversidad desempeña un papel crucial en la salud de los ecosistemas y, por ende, en la salud humana. Aquí hay algunas razones destacadas que subrayan la importancia de proteger la biodiversidad y el medioambiente:

a) Estabilidad ecosistémica: la diversidad biológica contribuye a la estabilidad de los ecosistemas. Cada especie desempeña un papel único, ya sea en la polinización de plantas, el control de plagas o la purificación del agua. La pérdida de una especie puede desencadenar efectos en serie que afectan a todo el ecosistema.

b) Suministro de alimentos y medicinas: muchas de las plantas y animales que componen la biodiversidad son fuentes directas de alimentos y medicamentos para los seres humanos. La pérdida de diversidad biológica podría amenazar nuestra capacidad para satisfacer necesidades básicas de alimentación y salud.

c) Adaptación al cambio climático: los ecosistemas saludables y diversos actúan como sumideros de carbono y ayudan en la regulación del clima. La biodiversidad contribuye a la resiliencia de los ecosistemas, permitiéndoles adaptarse mejor a los cambios ambientales, incluido el cambio climático.

d) Recreación y bienestar humano: la naturaleza desempeña un papel vital en la recreación y el bienestar humano. Los entornos naturales ofrecen oportunidades para el turismo, el ejercicio y el disfrute estético, contribuyendo positivamente a la salud mental y emocional.

e) Estabilidad económica: la biodiversidad es una fuente de riqueza económica. Muchas comunidades dependen de recursos naturales para sus medios de vida, ya sea a través de la agricultura, la pesca o el ecoturismo.

f) Servicios ambientales: los ecosistemas proveen servicios ambientales esenciales, como la purificación del aire y del agua, la polinización de cultivos y la prevención de inundaciones. Estos servicios son cruciales para el funcionamiento equilibrado de la Tierra.

La protección de la biodiversidad y el medioambiente no solo es una responsabilidad ética, sino también una necesidad imperativa para salvaguardar el futuro del planeta y garantizar una calidad de vida sostenible para las generaciones venideras. La adopción de prácticas ambientales responsables y la promoción de la conservación son pasos esenciales para preservar la riqueza biológica de nuestro planeta.

Servicios ecológicos y biodiversidad

La calidad de la vida humana en la Tierra depende de los ecosistemas que proporcionan servicios que benefician nuestra vida cotidiana. Algunos de los servicios ecológicos pasan directamente del medioambiente al uso humano e incluyen recursos como alimentos, medicinas y materiales de construcción.

Otros servicios ecológicos benefician a los seres humanos de manera más indirecta. Algunos ejemplos de estos beneficios secundarios incluyen la protección de tormentas tropicales por dunas costeras o la eliminación de desechos por humedales establecidos. Los servicios ecológicos también se clasifican como servicios éticos o estéticos, que proporcionan valor recreativo o de inspiración.

Todos los servicios ecológicos se proporcionan mejor a partir de ecosistemas saludables. Un factor importante para la salud de un ecosistema es su biodiversidad, o la variedad de vida que se encuentra en el ecosistema. Esta variedad se puede pensar en términos de la diversidad genética en sus poblaciones o la diversidad de especies de sus comunidades. Mientras más biodiverso es un ecosistema, más productivo y resiliente es al cambio.

La actividad humana afecta negativamente a la biodiversidad

Los cambios en el medioambiente que produce el hombre, como la pérdida de hábitats, la sobreexplotación de recursos, la contaminación y el cambio climático, suelen tener impactos importantes en los organismos de los ecosistemas. Estos cambios pueden imponer tensión a las especies, lo que las obliga a salir de su área de distribución normal o hace que disminuya su cantidad. En algunos casos, la existencia de una especie puede verse amenazada de manera crítica. En estas especies amenazadas, el tamaño de la población ha llegado a niveles tan bajos que la especie está en riesgo de extinción.

Cuando se extinguen especies, los ecosistemas pierden biodiversidad. Esto disminuye la complejidad de las interacciones de los ecosistemas y hace que sean menos resilientes a las perturbaciones. Sin embargo, no es necesario que las especies se extingan para que la biodiversidad disminuya. Cuando la cantidad de individuos de una población disminuye, la variación genética de la población también lo hace. Esta pérdida de diversidad genética da lugar a poblaciones menos tolerantes a los cambios medioambientales futuros, lo que perpetúa más la disminución de la biodiversidad.

Una pérdida de biodiversidad dentro de un ecosistema afecta negativamente la salud general del ecosistema, lo que produce una disminución en la cantidad y la calidad de los servicios que proporciona ese ecosistema. Esto pone en riesgo la calidad de vida de los seres humanos que disfrutan de los servicios de los ecosistemas.

La jara de Cartagena es una especie única del sureste de España y pertenece a la familia *Cistaceae*. Es una subespecie de fanerógama y se encuentra actualmente en peligro crítico de extinción.

El alcaudón chico está catalogado como en peligro crítico en el *Libro Rojo de las Aves de España 2021* y aparece como en peligro de extinción en el Catálogo Nacional de Especies Amenazadas.

Figura 2.10. La jara de Cartagena. Fuente: EFE: Verde.

Figura 2.11. Alcaudón chico. Fuente: SEOBirdLife.

ACTIVIDADES

Reflexiona sobre los factores que han provocado el drástico declive poblacional detectado en las últimas décadas.

Menciona algunas especies declaradas en situación crítica, y analiza sus causas.

La conservación y el uso sostenible de la biodiversidad son elementos clave para avanzar hacia un modelo de economía verde y un desarrollo sostenible, que minimice el impacto de las actividades humanas y reconozca el valor y la relevancia que tienen los servicios de los ecosistemas para el desarrollo y el bienestar.

La protección de la biodiversidad es, por tanto, un reto colectivo que debe abordarse desde una perspectiva global y con un enfoque integrador, considerando a todos los actores sociales y sectores económicos.

España es uno de los países con mayor diversidad biológica de la Unión Europea debido, entre otros, a factores tales como su posición geográfica; su diversidad geológica; la gran variabilidad climática, orográfica y edáfica; la historia paleobiogeográfica o la existencia de islas.

La Ley 42/2007, de 13 de diciembre, del Patrimonio Natural y de la Biodiversidad, establece el régimen jurídico básico de la conservación, uso sostenible, mejora y restauración del patrimonio natural y de la biodiversidad. Los principios que inspiran la ley se centran en el mantenimiento de los procesos ecológicos esenciales y de los sistemas vitales básicos; en la preservación de la diversidad biológica, genética, de poblaciones y de especies; la variedad, singularidad y belleza de los ecosistemas naturales, y la diversidad geológica y del paisaje.

La ley establece una serie de instrumentos para el conocimiento y la planificación del patrimonio natural y la biodiversidad, tales como el Inventario Español del Patrimonio Natural y de la Biodiversidad, el Plan Estratégico del Patrimonio Natural y de la Biodiversidad, y las Directrices para la Ordenación de los Recursos Naturales.

En cuanto a la conservación de hábitats y espacios naturales, incorpora las Áreas Marinas Protegidas, e incluye las disposiciones relativas a la Red Ecológica Europea Natura 2000 y a las áreas protegidas por instrumentos internacionales. Respecto a la conservación de la biodiversidad silvestre, la ley crea el Listado de Especies en Régimen de Protección Especial y el Catálogo Español de Especies Amenazadas, así como el Catálogo Español de Especies Exóticas Invasoras. Se regula también la protección de las especies en relación con la caza y la pesca continental y se establece el Inventario Español de Caza y Pesca. De igual modo se regula el acceso a los recursos genéticos procedentes de taxones silvestres y el reparto de beneficios derivados de su utilización.

La ley crea además el Fondo para el Patrimonio Natural y la Biodiversidad, instrumento de cofinanciación dirigido a asegurar la cohesión territorial y la consecución de los objetivos de la ley, la Comisión Estatal para el Patrimonio Natural y la Biodiversidad, como órgano consultivo y de cooperación entre el

Estado y las comunidades autónomas, y el Consejo Estatal para el Patrimonio Natural y la Biodiversidad, como órgano de participación pública en el ámbito de la conservación y el uso sostenible del patrimonio natural y la biodiversidad.

2.5. LOS COMPONENTES DE LA TIERRA

Si se observa la Tierra desde una estación espacial, se pueden ver las zonas blancas (las nubes y el hielo), una enorme área azul (los océanos) y zonas de color marrón (los continentes). Estas son las tres partes de la Tierra que podemos ver desde el exterior: la atmósfera, la hidrosfera y parte de la geosfera.

La Tierra, a su vez, se compone de varios subsistemas que interaccionan entre sí:

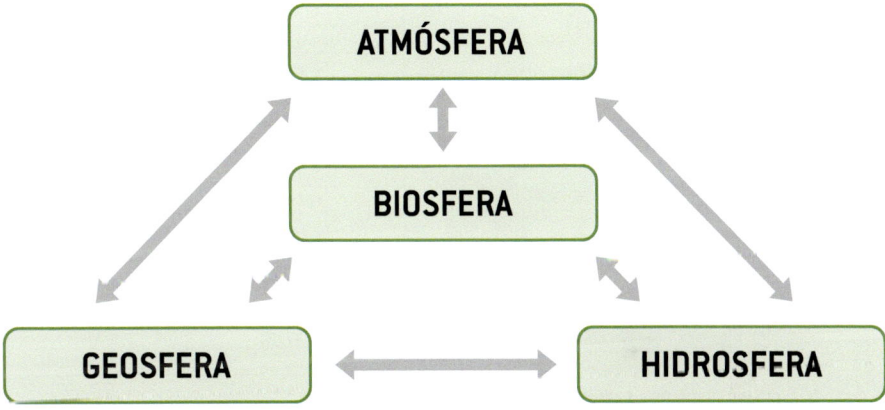

Figura 2.12. Componentes de la Tierra. Elaboración propia.

2.5.1. La atmósfera

La atmósfera terrestre es la capa más ligera y externa de las que constituyen la Tierra. Está compuesta por una mezcla de varios gases, cada uno en diferente proporción, sin los cuales la vida sería imposible. También podemos encontrar en la atmósfera de la Tierra partículas líquidas y sólidas en suspensión, que pueden tener un origen natural o antropogénico.

La atmósfera se estructura en capas definidas por los cambios de temperatura que se producen con la altitud. En orden ascendente, estas capas son la troposfera, estratosfera, mesosfera, termosfera y exosfera.

La **troposfera** llega hasta un límite superior situado a 9 km de altura en los polos y los 18 km en el ecuador. En ella se producen importantes movimientos verticales y horizontales de las masas de aire (vientos) y hay relativa abundancia de agua. Es la zona donde se producen los fenómenos meteorológicos: lluvias, vientos, cambios de temperatura, tormentas tropicales, huracanes, etc. En la troposfera se puede generar ozono a partir de los contaminantes atmosféricos y la energía del sol, sobre todo en las grandes ciudades; es importante mencionar que este ozono troposférico no es permanente como el que se encuentra en la estratosfera y resulta ser dañino a la salud de los seres vivos. La temperatura va disminuyendo conforme se va subiendo, hasta llegar a -70 °C en su límite superior.

Entre la troposfera y la estratosfera se encuentra una capa de temperatura constante, a esta región se la llama **tropopausa** y en ella prácticamente no hay nubes ni movimientos de aire apreciables, por lo que es ideal para los vuelos de aviones.

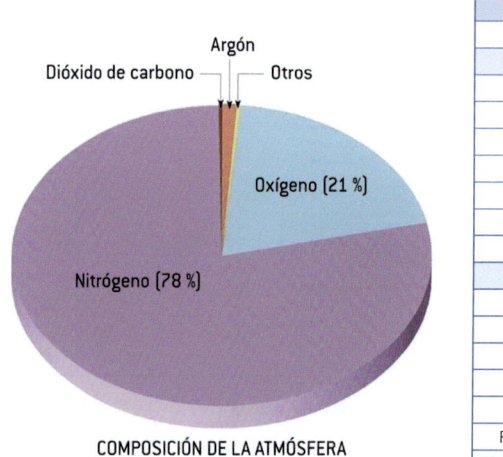

GASES DE LA ATMÓSFERA		
GAS	Fórmula	% (por volumen)
Gases permanentes		
Nitrógeno	N_2	78,08
Oxígeno	O_2	20,95
Argón	Ar	0,93
Neón	Ne	0,0018
Helio	He	0,0005
Hidrógeno	H_2	0,00006
Xenón	Xe	0,000009
Gases variables		
Vapor de agua	H_2O	0 a 4
Dióxido de carbono	CO_2	0,0036
Metano	CH_4	0,00017
Óxido nitroso	N_2O	0,00003
Ozono	O_3	0,000004
Partículas (polvo, etc.)		0,000001
Clorofluorocarbonos (CFC)		0,00000002

COMPOSICIÓN DE LA ATMÓSFERA

Figura 2.13. Concentraciones de gases en la atmósfera. Elaboración propia.

La **estratosfera** se localiza por encima de la troposfera y tiene un espesor aproximado de 30 km. Está compuesta por nitrógeno, oxígeno y ozono. En esta región, la temperatura del aire aumenta con la altitud. Este efecto de calentamiento se debe a las reacciones exotérmicas provocadas por la radiación UV del sol. El ozono (O3) es uno de los productos de esta secuencia de reacciones que sirve para prevenir que los nocivos rayos UV lleguen a la superficie de la Tierra.

La **mesosfera** está sobre la estratosfera, la concentración de ozono y otros gases es baja y la temperatura disminuye a medida que aumenta la altitud. Es importante por la ionización y las reacciones químicas que ocurren en ella y los meteoritos desintegrados (estrellas fugaces).

La **termosfera o ionosfera** es la capa más externa de la atmósfera. El aumento de temperatura en esta región se debe al bombardeo de nitrógeno y oxígeno moleculares y de especies atómicas por partículas energéticas, como los electrones y protones, provenientes del sol. En sentido inverso, estos procesos liberan a su vez una cantidad equivalente de energía principal en forma de calor. Las partículas ionizadas son las responsables de que las ondas de radio se reflejen y regresen a la Tierra.

La región que hay más allá de la ionosfera recibe el nombre de **exosfera** y se extiende hasta los 9600 km, lo que constituye el límite exterior de la atmósfera. Más allá se extiende la magnetosfera, espacio situado alrededor de la Tierra en el cual el campo magnético del planeta domina sobre el campo magnético del medio interplanetario.

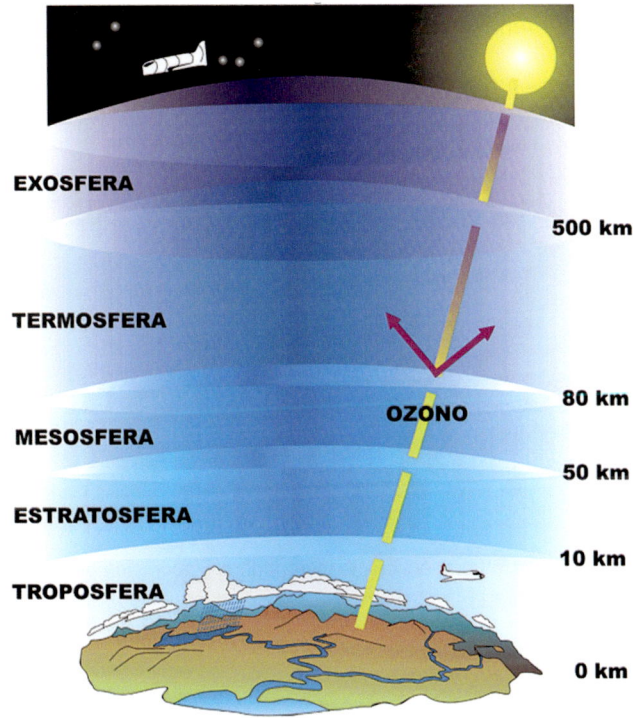

Figura 2.14. Capas de la atmósfera. Elaboración propia.

Si no existiese la atmósfera nos evaporaríamos. La atmósfera ejerce presión sobre nuestro entorno y sobre nosotros mismos, concretamente ejerce una presión de 1,03 kg/cm² sobre el nivel del mar. Esta presión es la que impide que nuestros fluidos corporales se evaporen.

Si no existiera la atmósfera de la Tierra esta presión tampoco existiría, por lo que nuestra sangre sería capaz de producir daños en nuestro sistema cardiovascular.

Es la responsable de las precipitaciones. Es en una de las capas de la atmósfera, la troposfera, donde se mantienen en suspensión la mayoría de las partículas y gases. Entre estas partículas y gases encontramos el vapor de agua. Es precisamente gracias al vapor de agua suspendido en la troposfera que es posible que se formen las nubes y posteriormente den lugar a fenómenos atmosféricos como las precipitaciones.

Mantiene la temperatura del planeta. Es un excelente regulador ya que impide que nos abrasen los rayos del sol durante el día y que nos congelemos durante la noche. Esto se debe a que, por un lado, el ozono contenido en la estratosfera, una de las capas más altas de la atmósfera, absorbe la radiación ultravioleta proveniente del sol, impidiendo que nos dañe. Por otro lado, el dióxido de carbono y el vapor de agua impiden que aquellos rayos de sol que entran en la superficie se escapen, reteniendo el calor suficiente para que la temperatura del planeta sea más o menos estable.

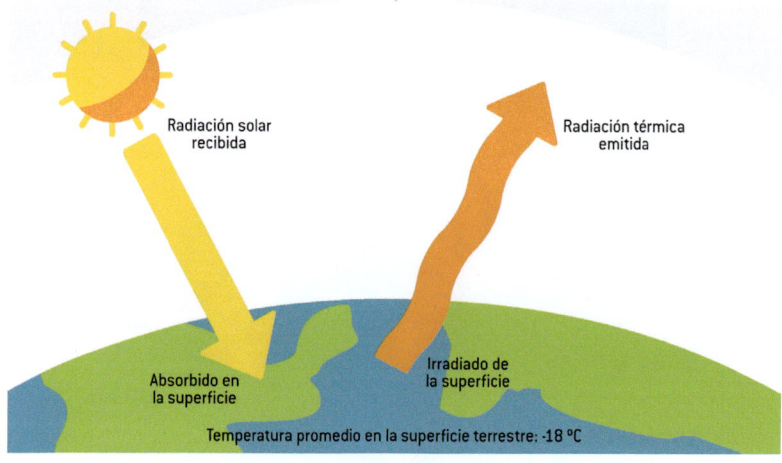

Figura 2.15. Tierra sin efecto invernadero. Elaboración propia.

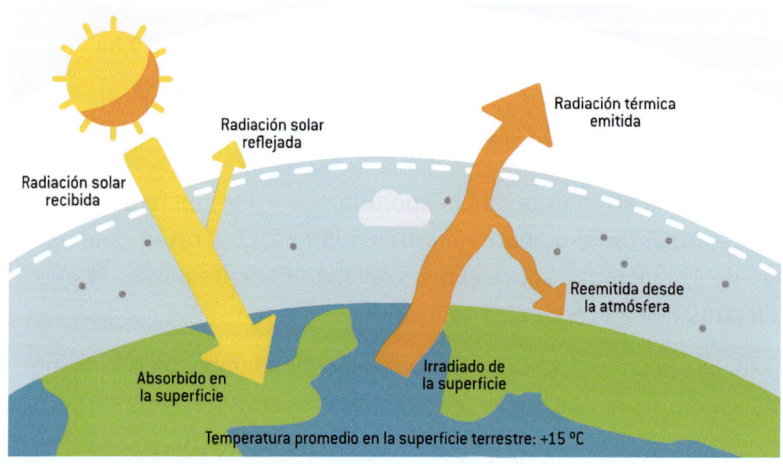

Figura 2.16. Tierra con efecto invernadero. Elaboración propia.

Nos protege de los meteoritos. Diariamente llega a la atmósfera gran cantidad de cuerpos sólidos como son los meteoritos procedentes del espacio, la mayoría de los cuales se desintegran en la mesosfera sin llegar a alcanzar la superficie de la Tierra. Su desintegración se debe a la fuerza de fricción que se produce entre el meteorito y la mesosfera, dando lugar al fenómeno conocido como estrellas fugaces.

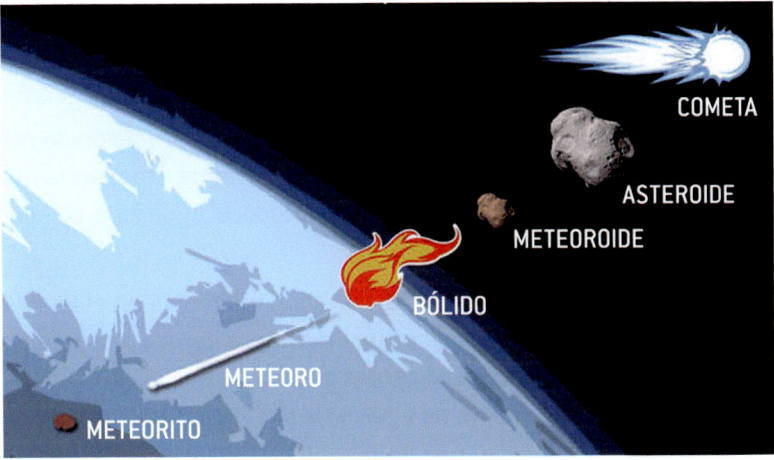

Figura 2.17. Desintegración de meteoritos. Elaboración propia.

Nos permite comunicarnos. El aire de la atmósfera es un excelente conductor del sonido, lo que permite nuestra comunicación, ya que sin la existencia de la atmósfera las ondas sonoras no podrían difundirse y no podríamos percibir los sonidos ni propagarlos. Además, la ionosfera tiene una gran influencia en la reflexión de las ondas de radio, permitiendo que estas puedan recorrer distancias mayores a las que recorrerían en la superficie terrestre.

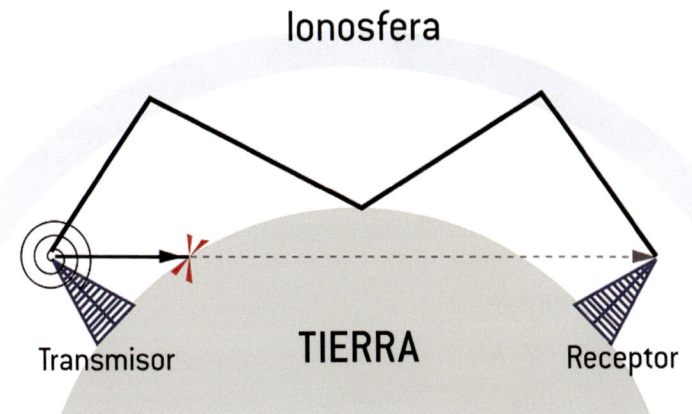

Figura 2.18. La atmósfera nos permite comunicarnos. Elaboración propia.

2.5.2. La hidrosfera

El agua de la Tierra forma la hidrosfera. Hidro significa 'agua'. La hidrosfera incluye los océanos, ríos, lagos, aguas subterráneas y agua congelada en los glaciares. El 97 % del agua de la Tierra se encuentra en los océanos. El agua es una de las sustancias más importantes necesarias para la vida y constituye aproximadamente el 90 % de los seres vivos. Sin agua, la vida no sería posible.

La hidrosfera es la capa de agua (ríos, lagos, agua subterránea, mares y océanos) y hielo del planeta Tierra. El agua de la Tierra se puede encontrar en cualquiera de los tres estados (sólido, líquido y gaseoso). La hidrosfera es la responsable del clima de la Tierra y del ciclo del agua (formación de nubes y precipitaciones). Además, erosiona la superficie terrestre, transporta materiales y aporta humedad al suelo y al aire. Por otro lado, el agua es el componente mayoritario de los seres vivos.

La mayor reserva de agua dulce en la Tierra se encuentra en el lago Baikal, ubicado en Siberia, Rusia. Este lago es una maravilla natural, conocida por su asombrosa profundidad y su vasta cantidad de agua dulce. Con aproximadamente 23,615 kilómetros cúbicos de agua, el lago Baikal contiene alrededor del 20 % del agua dulce no congelada del mundo, convirtiéndolo en una fuente invaluable de recursos.

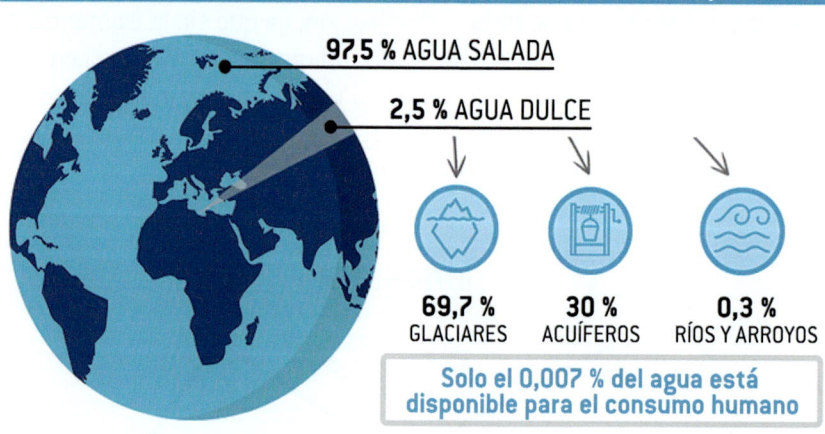

Figura 2.19. Distribución del agua. Fuente: FAO, ONU.

La hidrosfera está formada por:

- Agua líquida:
  - Océanos y mares.
  - Ríos, lagos y aguas subterráneas.

- Agua sólida:
  - Nieve.
  - Hielo de los glaciares.
- Agua gaseosa:
  - Vapor de agua de la atmósfera.

El agua de la hidrosfera puede ser agua salada y agua dulce:

- El agua salada se encuentra en los mares y océanos.
- El agua dulce se encuentra en los continentes: lagos, ríos y acuíferos.

El agua es esencial para la vida, tanto para el ser humano como para el resto de seres vivos del planeta:

- Mantiene templada la Tierra: absorbe el calor del sol.
- Es el medio en el que viven los seres acuáticos.
- Todos los seres vivos necesitamos tomarla.
- Los seres humanos la utilizamos, como, por ejemplo, los ríos para:
  - El transporte de mercancías y personas.
  - La pesca fluvial.
  - El ocio.
  - Y realizamos construcciones como:

    Canales: son cauces artificiales que sirven para dirigir el agua hasta depósitos donde se almacena o hasta campos de cultivo para regar.

    Embalses: son grandes depósitos que se construyen para recoger el agua de un río. Generalmente se construyen cerrando la boca de un valle con un dique o presa.

    Depósitos: son construcciones artificiales que se utilizan para almacenar el agua.

Pozos: son hoyos profundos que se hacen en la tierra para sacar aguas subterráneas.

Para poder entender la importancia de la hidrosfera, y por qué el agua es un recurso natural renovable, es importante conocer el CICLO HIDROLÓGICO.

El ciclo hidrológico, también conocido como ciclo del agua, es el proceso continuo de renovación y circulación de agua en nuestro planeta.

Las principales etapas del ciclo hidrológico son:

1. Evaporación: el agua se transforma en vapor al recibir calor del sol.

2. Transpiración: las plantas liberan vapor de agua a la atmósfera.

3. Condensación: el vapor de agua se enfría al subir a regiones más altas de la atmósfera y se transforma en pequeñas gotas formando nubes.

4. Precipitación: cuando las gotas de agua en las nubes se vuelven demasiado pesadas, caen en forma de lluvia, nieve o granizo.

5. Escorrentía: el agua que cae sobre la superficie terrestre fluye hacia los ríos, lagos y océanos.

Las etapas se interrelacionan continuamente formando un ciclo cerrado, sin principio ni fin.

Figura 2.20. Ciclo del agua. Elaboración propia.

La energía solar y la gravedad son las fuerzas motoras del ciclo. El resultado es la distribución del agua por todo el planeta, junto con su purificación.

Es un perfecto ejemplo de cómo los ciclos naturales aseguran la sostenibilidad de nuestro planeta.

El cambio climático altera el ciclo hidrológico, ya que incrementa la tasa de evaporación del agua en los océanos, lagos y ríos, afectando la cantidad y distribución de las precipitaciones.

Esto puede llevar a una mayor variabilidad en el clima, con eventos extremos como sequías e inundaciones más frecuentes. Si no se toman medidas, estas alteraciones podrían tener graves consecuencias para los recursos hídricos del planeta, poniendo en riesgo el suministro de agua fresca, la producción agrícola y la conservación de los ecosistemas acuáticos.

En conclusión, el ciclo hidrológico es un proceso fundamental en nuestro planeta que permite la circulación y conservación del agua en sus diferentes estados, incluyendo la evaporación, condensación, precipitación y escorrentía. Es también esencial para mantener la vida en la Tierra ya que, a través de este ciclo, el agua es purificada y reciclada, creando condiciones propicias para el desarrollo de diversos organismos.

2.5.3. La geosfera

La geosfera es la parte rocosa de nuestro planeta que sirve de soporte al resto de «esferas»: biosfera, hidrosfera y atmósfera.

Se extiende desde la superficie hasta el interior de la Tierra y se divide en tres capas: corteza, manto y núcleo. La geosfera es el lugar donde habita un gran número de seres vivos, ya que es la parte sólida del planeta.

Para el hombre, además de ser el lugar donde vivir, es una fuente de recursos que siempre ha necesitado. Desde los utensilios para la caza en la prehistoria hasta los componentes de nuestros móviles en la actualidad proceden de la geosfera, de los minerales y rocas que la corteza terrestre esconde.

La geosfera está a su vez dividida de dentro a fuera en una serie de capas. Las capas más externas son las formadas por materiales más ligeros, mientras que las internas son las más densas, y esta diferenciación ocurrió al principio de la formación del planeta. En su inicio, la Tierra estaba formada por material incandescente fruto del choque de distintos materiales, pero, por la gravedad, estos comenzaron a separarse según su densidad: los más pesados se hundieron hacia el centro, mientras que los más ligeros ascendieron hacia la superficie. El resultado es la estructura en capas que tenemos en la actualidad.

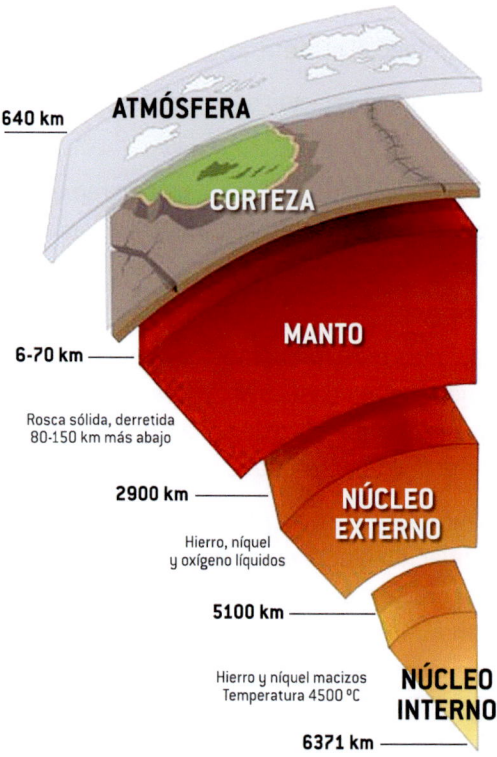

Figura 2.21. Las capas de la geosfera. Fuente: Wikipedia.

La corteza es la parte más externa de la geosfera. Está compuesta por materiales sólidos y es más gruesa en los continentes que en los fondos de los océanos.

El manto es la capa intermedia de la geosfera. Su temperatura es más elevada que la de la corteza. En algunas zonas del manto se encuentran rocas fundidas, que reciben el nombre de magma.

El núcleo es la capa más interna de la geosfera. Se compone de hierro y otros metales. Tiene una temperatura muy elevada. Se divide en dos partes: el núcleo interno y el externo.

Como mencionamos anteriormente, la geosfera es la parte sólida del planeta Tierra y abarca desde el núcleo terrestre hasta la corteza terrestre. En cambio, la litosfera es la parte externa de la geosfera: la corteza y el manto superior. Esto abarca la parte visible de los continentes y las depresiones cubiertas por el agua de mares y océanos. En la litosfera ocurren los distintos procesos y fenómenos geológicos, también obtenemos recursos como los minerales.

La corteza está formada por rocas y el suelo que se ordena en forma de piezas de rompecabezas, llamadas placas tectónicas, estas placas se mueven o

desplazan ocasionando los diversos fenómenos geológicos como sismos, ma-
remotos, erupción de volcanes, desprendimientos, formación de montañas o
hundimientos entre otros.

Las cuatro esferas interactúan para afectar los sistemas y procesos de la Tierra, y se cambian constantemente entre sí.

Por ejemplo, las corrientes oceánicas (hidrosfera) afectan a la temperatura del
aire (atmósfera): la corriente del Golfo es una poderosa corriente de agua en el
océano Atlántico. Su agua tibia modera las temperaturas en la costa este de Estados Unidos.

Otro ejemplo de cómo las esferas se afectan entre sí es a través de la erosión.
La erosión ocurre en el desierto cuando el viento (atmósfera) da forma a la arena en la geosfera. El agua (hidrosfera) también puede dar forma a la Tierra,
como en la formación del Gran Cañón.

Figura 2.22. Las cuatro esferas de la Tierra. Fuente: Biogesféricos.

ACTIVIDADES

Sintetiza la importancia que tiene la atmósfera para la calidad de vida de
los seres vivos.

Existen dos tipos de contaminación atmosférica, natural y artificial, describe con ejemplos cada caso.

2.6. LOS RECURSOS NATURALES

Los recursos naturales son elementos del medio o bienes que la naturaleza produce, y los seres humanos los utilizan para satisfacer sus necesidades (alimento, ropa y artículos de consumo, vivienda, etc.). Pero su sobreconsumo puede terminar por agotarlos. Ya hemos superado el límite de nuestra capacidad y, según cálculos de la organización Global Footprint Network, necesitamos casi dos planetas para mantener nuestro actual estilo de vida.

Los recursos naturales son, de acuerdo con el artículo 3 de la Ley 42/2007, del Patrimonio Natural y de la Biodiversidad, «todo componente de la naturaleza, susceptible de ser aprovechado por el ser humano para la satisfacción de sus necesidades y que tenga un valor actual o potencial». En otras palabras, todo aquel producto de la naturaleza, material o energético, que sirve para cubrir necesidades biológicas humanas o para desarrollar una actividad económica.

Son recursos naturales el paisaje, el agua superficial y subterránea, la atmósfera, el suelo, las rocas y otros recursos geológicos renovables y no renovables, los hidrocarburos y los recursos eólicos, solares o geotérmicos. También la biodiversidad, los recursos genéticos y los ecosistemas que dan soporte a la vida, entre otros.

El cuidado de los recursos naturales es importante no solo porque son la base de las sociedades productivas modernas, sino porque forman parte esencial de la naturaleza y son los que permiten la existencia de los seres vivos en el planeta Tierra. La actividad humana explota los recursos naturales de forma intensa por lo que deben existir regulaciones en los diferentes territorios para controlar y evitar la sobreexplotación de ellos.

Clases de recursos naturales

Los recursos se pueden clasificar atendiendo a distintos factores. En función de su disponibilidad en el tiempo y su tasa de regeneración, existen los siguientes tipos de recursos naturales:

* Recursos renovables: son aquellos que no se agotan con su utilización, pues su ritmo de restauración es permanente a escala temporal humana. Por ejemplo, la biomasa, recursos hídricos como las mareas y los flujos de agua y los recursos climáticos, como los vientos o la energía solar directa.

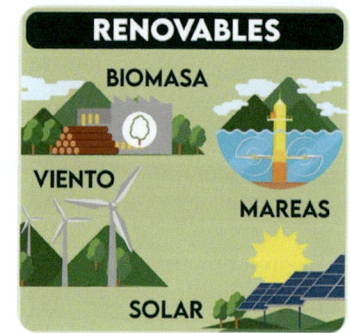

- Recursos no renovables: cuyo ritmo de extracción es superior al de su producción geológica. Son recursos naturales que no pueden ser producidos o regenerados a una escala que pueda sostener su tasa de consumo. Son ejemplos de recursos no renovables los combustibles fósiles (carbón, petróleo, etc.), los minerales, los suelos y el relieve.

La sobreexplotación de recursos. Consecuencias

Los recursos del planeta son limitados, y los seres humanos los están esquilmando. En el 2023, hemos terminado con el capital natural disponible para todo el año en poco más de 200 días, según ha advertido el Fondo Mundial para la Naturaleza (WWF). Eso quiere decir que a partir del 2 de agosto los recursos naturales entraron en números rojos.

Y cada año, la fecha en la que entramos en déficit ecológico —el «overshoot day» o día del sobregiro (o de la sobrecapacidad) de la Tierra— llega antes. A este ritmo, los humanos necesitarían 1,75 planetas para satisfacer sus demandas de recursos naturales. «Vivimos como si tuviésemos casi dos planetas Tierra a nuestra disposición».

Extraer estos recursos conlleva un impacto en el medioambiente y la salud de las personas, y su consumo se asocia además con la generación de residuos. «Necesitamos reducir la producción y el consumo, solo se conseguirá el bienestar de todas las personas y del planeta si reorientamos urgentemente el sistema económico hacia una economía circular que contemple los límites del planeta». Es preciso un cambio hacia un modelo más sostenible. Se debe priorizar la prevención en la generación de residuos y su toxicidad, la reutilización y, en última instancia, el reciclaje.

Además de renovables y no renovables, los recursos naturales se clasifican en: bióticos (genes, especies y ecosistemas, entre otros) y abióticos (minerales, recursos edáficos, hídricos, climáticos), y según su disponibilidad en agotables (bienes naturales cuyo uso sostenido en un período de tiempo prolongado no es posible) y no agotables (bienes que pueden ser utilizados como factores de producción de manera sostenida en el tiempo sin riesgo de extinción).

Acciones individuales muy sencillas como evitar caer en el consumismo y comprar únicamente aquello que de verdad necesitemos, luchar contra la obsolescencia reparando y reutilizando los productos, acabar con el desperdicio de alimentos en el hogar, reducir nuestro uso de agua o de energía, coger menos el coche, etc. pueden ayudar a revertir esta situación.

En definitiva, tratar de vivir de una forma más sostenible.

Figura 2.23. Ejemplos de consumo responsable. Fuente: Ayuntamiento de Belmonte de Tajo.

2.7. PREGUNTAS DE AUTOEVALUACIÓN

2.1. ¿Qué es un ecosistema?

  a. Un tipo de planta.

  b. Un área geográfica sin vida.

  c. Un conjunto de seres vivos, su entorno y sus interacciones.

  d. Solo el ambiente físico.

2.2. ¿Cuál de estos es un ejemplo de ecosistema terrestre?

  a. Lago.

  b. Océano.

  c. Estepa.

  d. Arrecife.

2.3. ¿Qué componentes forman un ecosistema?

   a. Solo organismos.

   b. Plantas y animales únicamente.

   c. Factores bióticos y abióticos.

   d. Solamente el clima.

2.4. ¿Qué significa «abiótico»?

   a. Que tiene vida.

   b. Que es artificial.

   c. Que no tiene vida.

   d. Que es un animal.

2.5. ¿Cuál es la función principal de los productores en un ecosistema?

   a. Cazar presas.

   b. Descomponer materia orgánica.

   c. Fabricar su propio alimento.

   d. Beber agua.

2.6. ¿Cuál de los siguientes es un descomponedor?

   a. Conejo.

   b. León.

   c. Bacteria.

   d. Girasol.

2.7. ¿Qué animales se alimentan tanto de plantas como de animales?

   a. Herbívoros.

   b. Carnívoros.

   c. Omnívoros.

   d. Descomponedores.

2.8. ¿Qué factor abiótico permite la fotosíntesis?

   a. Suelo.

   b. Viento.

   c. Luz solar.

   d. Nutrientes.

2.9. ¿Cuál es una característica de un ecosistema artificial?

   a. Nula intervención humana.

   b. Poca biodiversidad.

   c. Ciclos naturales intactos.

   d. Ninguna especie vegetal.

2.10. ¿Cuál de los siguientes ecosistemas tiene poca presencia vegetal?

   a. Pradera.

   b. Estepa.

   c. Zona abisal submarina.

   d. Bosque lluvioso.

2.11. ¿Por qué es importante conservar la biodiversidad en un ecosistema?

   a. Para aumentar el calor.

   b. Para mejorar la estética.

   c. Para mantener el equilibrio y la resiliencia.

   d. Para reducir el oxígeno.

2.12. ¿Qué puede ayudar a restaurar el equilibrio de un ecosistema?

   a. Deforestación.

   b. Áreas protegidas.

   c. Pesca masiva.

   d. Agricultura intensiva.

2.13. ¿Qué porcentaje aproximado de energía se transfiere de un nivel trófico al siguiente en una cadena alimentaria?

   a. 50 %.

   b. 25 %.

   c. 10 %.

   d. 1 %.

2.14. ¿Qué sucede con la mayor parte de la energía cuando un organismo consume a otro?

    a.   Se transforma completamente en biomasa.

    b.   Se recicla para el siguiente nivel trófico.

    c.   Se pierde como calor durante los procesos metabólicos.

    d.   Se almacena indefinidamente en tejidos grasos.

2.15. ¿Por qué se limita la longitud de las cadenas alimentarias?

    a.   Porque la materia se agota con rapidez.

    b.   Porque no todos los organismos son comestibles.

    c.   Porque la energía se disipa en cada nivel trófico.

    d.   Porque solo hay tres niveles tróficos en la naturaleza.

2.16. ¿Qué rol desempeñan los descomponedores en el ciclo de la materia?

    a.   Producen energía nueva para el ecosistema.

    b.   Transforman la luz solar en glucosa.

    c.   Devuelven los nutrientes al medio tras descomponer organismos muertos.

    d.   Consumen organismos vivos y almacenan energía.

2.17. ¿Cuál es una de las principales consecuencias de la sobreexplotación de los recursos naturales?

    a.   Aumento de la biodiversidad mundial.

    b.   Mejora del equilibrio ecológico.

    c.   Déficit ecológico y agotamiento del capital natural.

    d.   Crecimiento de los suelos fértiles.

2.18. Según la Ley 42/2007, ¿qué se considera un recurso natural?

    a.   Solo elementos que generan energía.

    b.   Únicamente los recursos renovables.

    c.   Cualquier componente natural con valor actual o potencial para el ser humano.

    d.   Exclusivamente bienes que se encuentran bajo tierra.

2.19. ¿Qué tipo de acciones individuales contribuyen a una vida más sostenible, según el texto?

    a.   Comprar productos nuevos frecuentemente.

    b.   Utilizar más el coche para desplazamientos cortos.

    c.   Reutilizar productos y reducir el consumo innecesario.

    d.   Ignorar la procedencia de los alimentos.

2.20. ¿Dónde se encuentra la mayor reserva de agua dulce?

    a.   Baikal, Rusia.

    b.   Río de Janeiro, Brasil.

    c.   Pekín, China.

    d.   Madrid, España.

3. MODIFICACIÓN DEL MEDIO NATURAL POR LA ACTIVIDAD HUMANA

Cuando hablamos de los efectos resultantes del desarrollo humano, nos referimos a todas esas modificaciones que el ser humano ha generado en los diferentes factores ambientales, con el fin de cubrir necesidades, muchas de ellas han ayudado a que podamos disfrutar de la calidad de vida que tenemos, pero la forma de explotar esos factores de la naturaleza no es sostenible.

Por eso llegamos a la conclusión de que nuestro planeta está enfermo, como consecuencia, en mayor medida, de actuaciones relacionadas con el sector productivo.

3.1. PRINCIPALES EFECTOS AMBIENTALES DEL DESARROLLO HUMANO. ASPECTOS E IMPACTOS AMBIENTALES

Estas actividades antrópicas han dado como resultado impactos como el calentamiento global y los fenómenos extremos, la contaminación atmosférica, la deforestación, la desertización, la escasez de agua y la pérdida de biodiversidad, hablando ya de que estamos incurriendo en la sexta extinción masiva de seres vivos en el planeta; con un sistema basado en energía fósiles, la escasez cada vez más agobiantes de productos alimenticios de calidad, sin lugar a duda, la sobreexplotación de los recursos, la pobreza y la crisis humana, que siguen persistiendo en buena parte del planeta, son algunos de los impactos, por centrarnos en algunos de ellos.

3.1.1. Aspectos ambientales

Los aspectos ambientales están relacionados con los procesos que se desarrollan en el ámbito de las organizaciones, como, por ejemplo, en los procesos de fabricación de envases de papel, en los procesos industriales de la fabricación de productos de limpieza o en los procesos cuando nos ofrecen un servicio; todas estas actividades, productos o servicios generan elementos que interactúan con el medioambiente, como, por ejemplo, la generación de residuos, las emisiones de gases de efecto invernadero o las emisiones de partículas en suspensión, así también, el consumo de agua, de energía eléctrica, de materia prima, etc.

ASPECTO AMBIENTAL	IMPACTO AMBIENTAL
Generación de ruido	Contaminación acústica
Generación de polvo	Contaminación del aire
Consumo de papel	Disminución de recusos naturales
Potenciales derrames de productos	Contaminación del suelo
Potenciales incendios	Contaminación del aire

Tabla 3.1. Aspectos e impactos ambientales.

3.1.2. Impactos ambientales

Los impactos ambientales, en cambio, son ese efecto, ese resultado que va a generar los aspectos ambientales, efecto que muchas veces es adverso y a veces beneficioso; este resultado o cambio puede ser total o parcial. Son ejemplos de impactos ambientales la contaminación del suelo, del agua, del aire; el calentamiento global; el agotamiento de los recursos naturales; la contaminación sonora; las afecciones a la salud humana, etc.

Así podemos definir una relación CAUSA-CONSECUENCIA entre los aspectos ambientales y los impactos ambientales.

Figura 3.1. Aspectos e impactos ambientales. Elaboración propia.

En la actualidad, muchas organizaciones han desarrollado una preocupación por su comportamiento ambiental, lo cual ha llevado a las organizaciones a cambiar varias de sus actividades que generan aspectos ambientales.

Figura 3.2. Certificación Gestión Ambiental, UNE-EN ISO 14001. Fuente: ENAC.

La Norma UNE-EN ISO 14001 es una norma internacional que especifica los requisitos para un sistema de gestión ambiental que una organización puede usar para mejorar su desempeño ambiental. Esta norma internacional ayuda a una organización a lograr los resultados previstos de su sistema de gestión ambiental, con lo que aporta valor al medioambiente, a la propia organización y a sus partes interesadas. Los resultados previstos de un sistema de gestión ambiental incluyen:

- La mejora del desempeño ambiental.

- El cumplimiento de los requisitos legales y otros requisitos.

- El logro de los objetivos ambientales.

3.2. SISTEMAS DE PRODUCCIÓN NO SOSTENIBLES

En economía, la producción es el proceso mediante el cual se transforma la materia prima en bienes para el consumo, y se le añade valor al resultado (es decir, valor agregado). Los sistemas económicos tienen como fin la producción de recursos, ya que a través de esta se satisfacen distintas necesidades humanas.

De modo que, al hablar de producción, desde un punto de vista económico, se hace alusión no solo a la creación de nuevos objetos de consumo, sino también de recursos destinados a los servicios. De hecho, el grueso de la producción de los países industrializados se dedica a este sector de la economía. Por tanto, pueden considerarse parte de la producción todas aquellas actividades económicas que son distintas al consumo.

Las empresas y organizaciones, los países e incluso regiones enteras se refieren a la producción para medir su actividad económica. Cada una de estas entidades tiene una capacidad específica de producción, determinada por sus factores productivos y la gestión que haga de ellos.

En términos generales, la producción se caracteriza por lo siguiente:

- Su propósito es transformar la materia prima en bienes de consumo, añadiéndoles valor en el proceso.

- Todo proceso productivo requiere de tierra, trabajo, capital y tecnología.

- El modo en que se produzca un bien depende del sistema productivo empleado y de la disponibilidad de los recursos necesarios para ello.

Figura 3.3. Coste y valor de un bien. Elaboración propia.

Existen diferentes tipos de producción, como pueden ser:

- Producción artesanal, cuando se producen bienes individuales e irrepetibles, mediante un método tradicional que generalmente implica pocos trabajadores.

- Producción en masa, cuando se producen bienes idénticos de manera multitudinaria y rápida, implementando maquinaria sofisticada y energía eléctrica.

- Producción intermedia o por lotes, cuando se produce un lote finito de bienes similares o idénticos, de manera intermitente, generalmente porque no existe una demanda constante que suplir.

- Producción continua o de flujo continuo, cuando se produce de manera ininterrumpida, 24 horas del día y 7 días a la semana, generalmente bienes de importancia clave para el país o la región.

Todos los individuos de una sociedad contribuyen, de un modo u otro, con la producción de los bienes necesarios para vivir. Algunos lo hacen de manera directa, o sea, con su trabajo, mientras que otros se ocupan de producir los bienes necesarios para permitir la producción ajena. Son ejemplos de esto:

- La producción agropecuaria, es decir, la siembra, riego y cosecha de alimentos en suelo cultivable, empleando para esto máquinas (tractores, arado), tecnología (semillas mejoradas genéticamente) y trabajo (campesinos, recolectores y operarios de tractores y otras máquinas).

- La producción industrial de bienes intermedios, o sea, de bienes necesarios para terminar otros productos en otras fábricas, como pueden ser las láminas de metal: una siderúrgica reúne materia prima (mineral de aluminio), lo procesa y lo funde a altas temperaturas, para luego darle forma de láminas que serán compradas por diferentes industrias del aluminio: fábricas de latas, fábricas de llaveros y empresas constructoras, entre otras. Para esto, la siderúrgica emplea maquinaria pesada, obreros especializados y mucha energía para calentar los metales al punto de fundido.

- La manufactura de bienes de consumo, como es el caso de teléfonos celulares: un proceso en el que interviene un circuito complejo de máquinas y computadoras para ensamblar diferentes componentes, a menudo fabricados previamente por otras industrias. Empleando energía eléctrica, el trabajo de los operarios y otros insumos necesarios, se producen en serie productos que luego salen al mercado y se distribuyen en las tiendas.

¿Cómo influye el crecimiento económico en el medioambiente?

Las relaciones entre economía y medioambiente generan una serie de actividades específicas que devienen en empleo, directa o indirectamente relacionado. El medioambiente, en tanto que se concreta en capital natural, es suministrador de bienes y servicios y, a la vez, fuente de recursos naturales y materias primas que finalmente se convierten en residuos y calor volviendo al entorno, que, a su vez, actúa como sumidero y depósito.

Los principales problemas ambientales se siguen concentrando en varios sectores de la economía y en la estructura de consumo, y los estilos de vida. La industria manufacturera sigue siendo responsable de un elevado impacto ambiental, tanto por el consumo de recursos producidos como por la contaminación generada. El sector del transporte, con una creciente repercusión por el aumento del tráfico, la agricultura intensiva, los desarrollos urbanos descontrolados, unido al impacto de los consumidores, incluidos los hogares, que representan el 7 % de la demanda final de bienes y servicios, desempeñando un papel fundamental en su calidad de usuarios finales por el lado de la demanda y también por la influencia de la oferta.

Fomentar el desarrollo sostenible requiere ir más allá del mero crecimiento económico centrado en el aumento de nivel y escala de la actividad económica, porque exige, sobre todo, lograr transformaciones en el sistema económico, mejoras cualitativas, trabajo digno, despliegue de potencialidades e, incluso, abordar la democratización del poder y la participación social en la toma de decisiones.

El desafío de una sociedad sostenible consiste en promover el desarrollo pleno de su población dentro de los límites ambientales de su territorio, lo que supone poner a la economía al servicio de la sociedad y, con ello, conseguir una economía ecoeficiente, favoreciendo la generación de empleo de calidad. Se trata de evitar la sobreexplotación de los recursos ambientales y de la infrautilización de los recursos laborales, integrando la economía en el medioambiente con criterios de sostenibilidad.

Economía lineal vs. economía circular

A partir de 1950, después de la II Guerra Mundial, la economía experimentó un gran crecimiento económico, con la aparición de grandes empresas multinacionales que vendían en todo el mundo y eran capaces de fabricar grandes cantidades de productos en masa. Todo ello llevó a que muchas empresas y personas buscaran la consecución de beneficios a toda costa, sin preocuparse del bienestar de las personas y del planeta.

TOMAR   **HACER**   **DESECHAR**

ENERGÍA DE FUENTES FINITAS

Figura 3.4. Economía lineal. Fuente: Wikipedia.

Esta preocupación de beneficios a toda costa llevó a una serie de problemas:

- Contaminación. La excesiva producción y el uso de determinados sistemas de producción ha provocado una gran contaminación del aire, el agua o la tierra. El resultado es que uno de cada cinco muertos en el mundo se debe a este tipo de contaminación.

- Uso excesivo de recursos. Para producir necesitamos todo tipo de recursos: madera, minerales, agua, energía, etc. De continuar con este ritmo, solo preocupándonos por los beneficios económicos, pronto empezaremos a tener problemas con los recursos más básicos. De hecho, ya hay zonas que empiezan a poner restricciones a sus habitantes en el consumo de agua. Poca broma.

- Desigualdad. Aunque muchas empresas y personas han ganado mucho dinero, el reparto de los beneficios ha sido muy desigual, ya que se han concentrado en unos pocos. En España el 1 % más rico controla el 25,1 % de la riqueza y el 10 % más rico tiene el 53,8 %. Como vemos en la infografía, el 10 % más pobre solo tiene el 0,1% de la riqueza y el 50 % más pobre apenas suma un 10,3 % de toda la riqueza.

- Empleo precario. Las empresas han conseguido crear muchos puestos de trabajo, lo cual es bueno. Pero en su búsqueda de beneficios no han asegurado unas condiciones dignas a los trabajadores. Muchos trabajadores trabajan 50 horas a la semana (algo ilegal) y 1 de cada 4 españoles no llega a final de mes debido a su bajo salario.

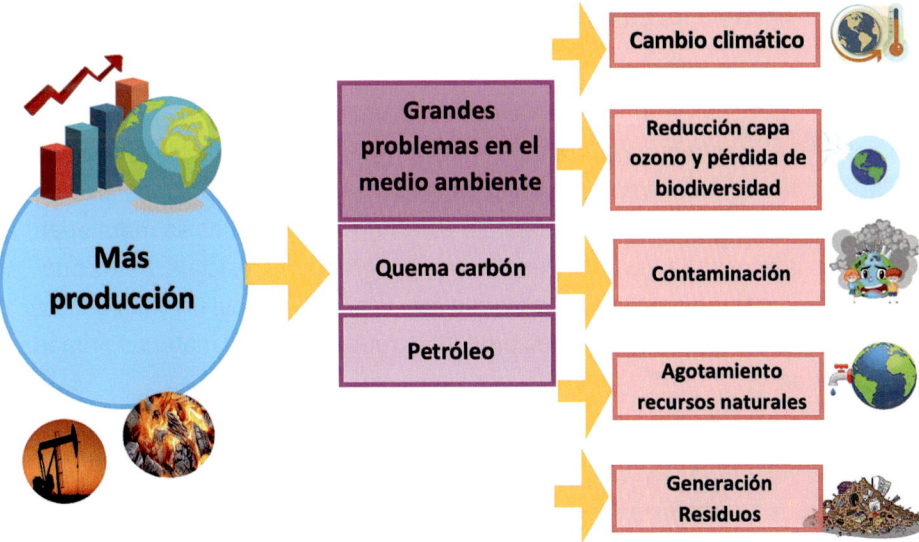

Figura 3.5. Efectos en el medioambiente. Elaboración propia.

La ECONOMÍA CIRCULAR es un modelo de producción y consumo que implica compartir, alquilar, reutilizar, reparar, renovar y reciclar materiales y productos existentes todas las veces que sea posible para crear un valor añadido. De esta forma, la vida de los productos se extiende.

ENERGÍA DE FUENTES RENOVABLES

Figura 3.6. Economía circular. Fuente: Wikipedia.

En definitiva, la economía circular permite alargar la vida útil de los productos y darles una segunda vida. En la práctica, implica reducir los residuos al mínimo. Cuando un producto llega al final de su vida, sus materiales se mantienen dentro de la economía siempre que sea posible gracias al reciclaje. Estos pueden ser productivamente utilizados una y otra vez, creando así un valor adicional. La idea es alargar la vida de los productos reutilizando las materias primas varias veces.

Las conocidas 3R —Reducir, Reutilizar y Reciclar— son un buen punto de partida, ahorrando en recursos y energía. Pero ¿por qué no hacer que los productos sean más sostenibles desde el propio diseño? ¿O por qué no repararlos en lugar de comprar unos nuevos? La economía circular introduce en la cadena otros conceptos como el ecodiseño y la reparación, ampliando estas 3R a 7R.

COMPARACIÓN DE LOS DOS MODELOS

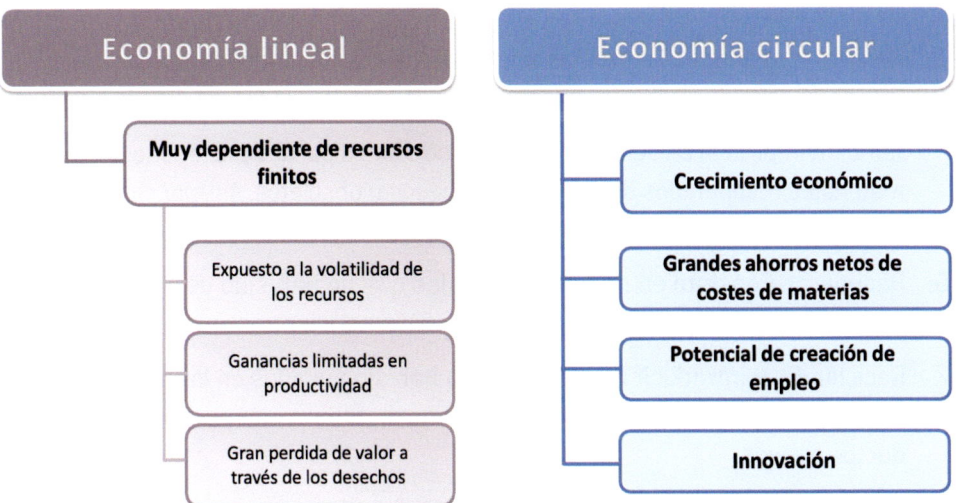

Figura 3.7. Comparación de los modelos de economía. Elaboración propia.

Las conocidas 3R —Reducir, Reutilizar y Reciclar— son un buen punto de partida, ahorrando en recursos y energía. Pero ¿por qué no hacer que los productos sean más sostenibles desde el propio diseño? ¿O por qué no repararlos en lugar de comprar unos nuevos? La economía circular introduce en la cadena otros conceptos como el ecodiseño y la reparación, ampliando estas 3R a 7R.

Las 7 R de la economía circular son un conjunto de principios que buscan transformar la manera en que se producen y consumen bienes y servicios, y así se reduzca el impacto ambiental y se maximice la eficiencia en el uso de los recursos. Estas 7 R son:

1. Rediseñar. Se trata de repensar la forma en que se diseñan, producen y consumen los bienes y servicios, para que sean más sostenibles y eficientes.

   Por ejemplo, si se diseñaran los teléfonos móviles de manera que fuera más fácil cambiar la batería, muchas personas no comprarían uno nuevo, sino que sustituirían dicha batería.

2. Reducir. Debemos reducir la cantidad de productos que consumimos y los residuos que generamos. También se debe tratar de reducir la cantidad de materiales y energía que se usa para producir y para consumir.

3. Reutilizar. Su objetivo es alargar la vida útil de los productos, ya sea usándolos de nuevo o dándoles nuevas vidas a través de manualidades o bricolaje.

   En internet tenemos ideas para poder reutilizar cualquier producto.

4. Reparar. En ocasiones cuando se nos estropea un producto compramos otro nuevo, sin intentar repararlo. Reparar suele ser más barato y mejor para el medioambiente.

5. Renovar o refabricar. Se trata de actualizar los objetos antiguos, con el objetivo de que puedan volver servir para aquello para lo que fueron creados.

   También implica la creación de nuevos productos a partir de componentes y materiales recuperados de productos antiguos y obsoletos. Así, por ejemplo, podemos encontrar ordenadores «reacondicionados» a un precio menor.

6. Recuperar. Consiste en recoger materiales que ya han sido usados, para reintroducirlos en el proceso productivo y así producir otros productos.

7. Reciclar. Es reintroducir residuos que ya han sido usados en los procesos de producción, de manera que sirvan como materia prima para otros productos nuevos.

Resulta evidente que el ser humano tiene el deber de preservar la naturaleza en condiciones óptimas y saludables y, sin embargo, si continuamos aplicando el sistema basado en la economía lineal estaremos consiguiendo justo lo contrario. Por ello, se hace imprescindible actuar e implementar el sistema basado en la economía circular en la sociedad mundial. De esta forma y con el paso del tiempo podremos notar cómo la naturaleza se va recuperando poco a poco.

Actualmente existe una fuerte motivación económica y empresarial a favor de la economía circular y la eficiencia de los recursos, no obstante, debemos seguir avanzando en esa misma dirección hasta conseguir que se convierta en una realidad.

ACTIVIDAD

Enumera 5 ejemplos donde pongas a prueba alguna de las 7R, luego propón compromisos que te gustaría poner a prueba y comparte las barreras que te puedes encontrar.

3.3. TIPOS DE CONTAMINACIÓN

Cuando hablamos de contaminación ambiental nos referimos a toda presencia de componentes nocivos en el medioambiente y que, por tanto, puedan ser perjudiciales para los seres vivos.

Dependiendo de los componentes nocivos en cada caso, del entorno natural en el que se presentan o de su origen, encontramos infinidad de tipos de contaminación ambiental.

También es importante conocer cuál es la diferencia entre impacto ambiental y contaminación ambiental. El impacto en el medioambiente es la consecuencia que se provoca por una acción en un entorno natural. Puede ser buena o mala. Al referirnos a la contaminación ambiental, en cambio, hablamos de los efectos contraproducentes que los componentes nocivos pueden causar en el medioambiente. Así tenemos los tipos de contaminación:

3.3.1. Contaminación atmosférica

También conocida como polución, es uno de los tipos de contaminación ambiental más famoso. Se produce a causa de la emisión de sustancias químicas a la atmósfera que afecta directamente a la calidad del aire. El más conocido es el monóxido de carbono. Pero existen otros como el dióxido de azufre, CFC (clorofluorocarbonos) y óxidos de nitrógeno. Pero ¿de dónde proceden estas sustancias nocivas?

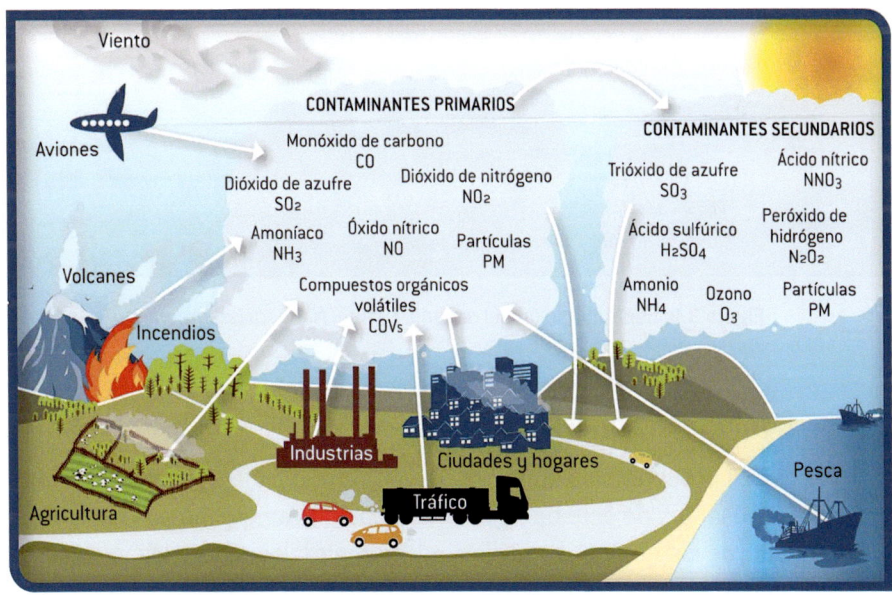

Figura 3.8. Contaminación atmosférica. Fuente: Wikipedia.

- Gases expulsados procedentes de combustibles fósiles (como los liberados por un tubo de escape de un coche).

- Desastres naturales como los incendios.

- La quema de basuras.

- Los gases que liberan las fábricas y los procesos de obtención de energía no limpia.

- La agricultura y ganadería intensiva.

3.3.2. Contaminación hídrica

Afecta a ríos, fuentes de agua subterránea, lagos y mar cuando se liberan residuos contaminantes. Este tipo de contaminación ambiental afecta directamente a las especies animales, vegetales y también al ser humano, ya que convierte el agua potable en un recurso no apto para su consumo.

Los vertidos industriales, insecticidas o plaguicidas son algunos de los residuos que afectan a la contaminación del agua. Pero también otros de uso doméstico como los detergentes del lavado de ropa o el vertido del aceite de uso doméstico.

Figura 3.9. Contaminación del océano. Fuente: *National Geographic*.

3.3.3. Contaminación del suelo

Una vez más, las sustancias químicas de uso común en la agricultura intensiva son las causantes de este tipo de contaminación. Aunque no son las únicas. Las baterías (de los teléfonos móviles, por ejemplo), las pilas o los vertederos también liberan sustancias nocivas que se filtran en el suelo.

Los principales afectados de este tipo de contaminación son las plantas, árboles y cultivos. La presencia de este tipo de sustancias en los suelos afecta a su calidad y productividad. La falta de minerales provoca la pérdida de vegetación. Y la ausencia de plantas conduce a la erosión que, a su vez, altera la riqueza del suelo.

Figura 3.10. Contaminación del suelo. Fuente: *El Confidencial.*

3.3.4. Contaminación acústica

Si vives en un barrio muy ruidoso, cerca de un aeropuerto, autopistas o de una zona de discotecas sabrás muy bien de lo que hablamos. La contaminación acústica se produce con cualquier ruido excesivo ya sea en proporción, frecuencia, tono, volumen o ritmo.

Además de ser muy molesto, puede provocarnos estrés, trastornos del sueño, pérdida de audición e incluso afecciones cardiovasculares. Pero también altera negativamente el equilibrio de los ecosistemas. En el caso de las aves, por ejemplo, influye en sus migraciones y ciclos reproductivos.

Figura 3.11. Pirámide de efectos en la salud. Elaboración propia.

3.3.5. Contaminación lumínica

Se produce especialmente en las ciudades durante la noche y hace referencia a la iluminación artificial excesiva que emiten las poblaciones. De igual manera que la acústica, este tipo de contaminación ambiental no compromete la supervivencia de los seres humanos. Sin embargo, produce enfermedades como las relacionadas con la visión, alteraciones del sueño o migrañas.

También afecta a los ecosistemas nocturnos, ya que provoca a animales e insectos problemas de orientación y alteraciones en sus ciclos biológicos.

Figura 3.12. Muerte de tortugas bebé, las cuales eclosionan en las playas y se guían hacia el mar por el resplandor del cielo en el horizonte. Las luces artificiales las despistan, alejándolas en dirección contraria al agua y provocando su muerte. Fuente: *National Geographic.*

3.3.6. Contaminación visual

Es todo aquello que altera visualmente el paisaje natural. Hace referencia a todos los elementos que no son naturales y que nos envían estímulos visuales. Pueden ser vallas publicitarias, torres eléctricas o minas a cielo abierto.

Nuestro cerebro tiene una determinada capacidad de absorción de datos. El exceso de formas, luces, colores e información hace que no pueda procesar todos estos datos debidamente. Todo ello perjudica a la salud de los ojos, altera la tensión y produce estrés.

3.3.7. Contaminación térmica

Seguro que alguna vez has escuchado las graves consecuencias que puede tener para el medioambiente que la Tierra aumente su temperatura. Esto está relacionado con el último de los tipos de contaminación ambiental más importantes: la contaminación térmica.

El aumento de la temperatura (o calentamiento global) afecta a los polos y los glaciares. Se calcula que la Antártida ha multiplicado su deshielo por cuatro en los últimos 25 años, lo que está provocando (lo estamos viviendo ya) consecuencias muy negativas. Entre las más importantes se encuentran la subida del nivel del mar, la alteración del equilibrio de los ecosistemas o cambios en las corrientes marinas y el clima. No solo eso: también puede provocar la reaparición de enfermedades.

3.4. CAMBIO CLIMÁTICO

El cambio climático se refiere a los cambios a largo plazo de las temperaturas y los patrones climáticos. Estos cambios pueden ser naturales, debido a variaciones en la actividad solar o erupciones volcánicas grandes. Pero desde el siglo xix, las actividades humanas han sido el principal motor del cambio climático, debido principalmente a la quema de combustibles fósiles como el carbón, el petróleo y el gas.

La quema de combustibles fósiles genera emisiones de gases de efecto invernadero que actúan como una manta que envuelve a la Tierra, atrapando el calor del sol y elevando las temperaturas.

Figura 3.13. Cambio climático. Fuente: Naciones Unidas.

Las emisiones principales de gases de efecto invernadero que provocan el cambio climático son el dióxido de carbono y el metano. Estos proceden del uso de la gasolina para conducir un coche o del carbón para calentar un edificio, por ejemplo. El desmonte de tierras y bosques también puede liberar dióxido de carbono. La agricultura y las actividades relacionadas con el petróleo y el gas son fuentes importantes de emisiones de metano. La energía, la industria, el transporte, los edificios, la agricultura y el uso del suelo se encuentran entre los principales emisores.

3.4.1. Causas del cambio climático

La generación de electricidad y calor a través de los combustibles fósiles provoca una gran cantidad de emisiones globales. La mayoría de la electricidad se genera todavía con la combustión de carbón o gas, lo que produce dióxido de carbono y óxido nitroso, que son potentes gases de efecto invernadero que cubren el planeta y atrapan el calor proveniente del sol. En el ámbito global, algo más de un cuarto de la electricidad proviene de fuentes de energía renovables eólicas y solares que, al contrario que los combustibles fósiles, emiten poca o ninguna cantidad de gases o contaminantes en el aire.

Productos de fabricación

La industria y las fábricas producen emisiones, en su mayoría provenientes de la quema de combustibles fósiles destinada a generar energía para la fabricación de cemento, hierro, acero, componentes electrónicos, ropa y otros bienes. La minería y otros procesos industriales también generan gases, de la misma forma que lo hace el sector de la construcción. La maquinaria utilizada en los procesos de fabricación a menudo realizados mediante carbón, petróleo o gas, y con algunos materiales, como los plásticos, están compuestos de sustancias químicas derivadas de los combustibles fósiles. La industria manufacturera es una de las que más contribuye a las emisiones de gases de efecto invernadero en el ámbito mundial.

La tala de los bosques

La tala de bosques a fin de crear granjas o pastos, o por otros motivos, provoca emisiones dado que cuando se talan sus árboles se libera el carbono que estos han estado almacenando. Cada año se destruyen aproximadamente 12 millones de hectáreas de bosques. Puesto que los bosques absorben el dióxido de carbono, su destrucción también limita la capacidad de la naturaleza para mantener estas emisiones fuera de la atmósfera. La deforestación, junto con la agricultura y otros cambios en la utilización de los suelos, es responsable de aproximadamente un cuarto de las emisiones de gases de efecto invernadero.

El uso del transporte

La mayoría de camiones, barcos y aeronaves funcionan con combustibles fósiles. Esto hace que el transporte sea uno de los sectores que más contribuye a generar gases de efecto invernadero, especialmente en lo que a emisiones de dióxido de carbono se refiere. Los vehículos terrestres son responsables de la mayor parte, debido a la combustión de productos derivados del petróleo, como la gasolina, en los motores de combustión interna. Sin embargo, las emisiones provenientes de barcos y aeronaves siguen aumentando. El transporte es responsable de cerca de un cuarto de las emisiones de dióxido de carbono relacionadas con la energía en el ámbito global. Y la tendencia es que continúe este importante aumento del uso de la energía para el transporte durante los próximos años.

La producción de alimentos

La producción de alimentos provoca emisiones de metano, dióxido de carbono y otros gases de efecto invernadero, de diferentes maneras, en lo que se incluye la deforestación y la roturación de tierras para la agricultura y el pastoreo, la alimentación del ganado bovino y ovino, la producción y uso de fertilizantes y el abono utilizado para los cultivos, además del uso de la energía que hace funcionar el equipo de las granjas o los barcos pesqueros, siendo normalmente con combustibles fósiles. Todo esto hace que la producción de alimentos sea uno de los sectores que más contribuye al cambio climático. Además, las emisiones de efecto invernadero también provienen del envasado y la distribución de los alimentos.

La energía en los edificios

En el ámbito global, tanto los edificios residenciales como los comerciales consumen más de la mitad de la electricidad total. Como siguen utilizando carbón, hidrocarburos y gas natural para los sistemas de calefacción y climatización, emiten cantidades importantes de gases de efecto invernadero. La creciente demanda de sistemas de calefacción y climatización, junto con el aumento en la adquisición de aparatos de aire acondicionado y en consumo eléctrico por parte de aparatos de iluminación y dispositivos conectados, ha contribuido a un aumento en las emisiones de dióxido de carbono relacionadas con la energía y que tiene su origen en las edificaciones, en los últimos años.

Un consumo excesivo

En el hogar, el uso que se hace de la energía, el modo de desplazarse, lo que se come, lo que se derrocha, todo ello afecta a la emisión de gases de efecto invernadero. Y lo mismo ocurre con el consumo de bienes como la ropa, los componentes electrónicos y los productos fabricados en plástico. Un gran porcentaje de las emisiones de gases de efecto invernadero están ligadas a los hogares particulares. Nuestro estilo de vida tiene un profundo impacto en el planeta.

Los más ricos son los que tienen mayor responsabilidad: el 1 % de la población mundial con mayor riqueza, en conjunto, genera más emisiones de gases de efecto invernadero que el 50 % más pobre.

3.4.2. Efectos del cambio climático

A medida que se eleva la concentración de gases de efecto invernadero, también lo hace la temperatura de la superficie del planeta. En la última década, del 2011 al 2020, se ha registrado el mayor calentamiento hasta la fecha. Desde los años 80, cada década ha sido más cálida que la anterior. En casi todas las zonas se han producido más olas de calor y días más calurosos. La elevación de las temperaturas provoca un aumento en las enfermedades relacionadas con el calor y hace que trabajar en exteriores sea más difícil. Se producen incendios incontrolados con mayor facilidad y se extienden más rápidamente cuando el ambiente es más cálido. Las temperaturas del Ártico se han elevado al menos el doble de rápido que la media mundial.

Tormentas más potentes

Las tormentas destructivas se han vuelto más intensas y más frecuentes en muchas regiones. A medida que se elevan las temperaturas se evapora mayor humedad, lo que causa inundaciones y precipitaciones extremas, provocando más tormentas destructivas. El calentamiento del océano también afecta a la frecuencia y magnitud de las tormentas tropicales. Los ciclones, huracanes y tifones se alimentan de las aguas templadas de la superficie del océano. Estas tormentas destruyen a menudo hogares y comunidades enteras, lo que provoca pérdidas ingentes en la economía y en vidas humanas.

Aumento de las sequías

El cambio climático está modificando la disponibilidad de agua, al hacerla más escasa en más regiones. El calentamiento global genera escasez de agua en regiones, ya de por sí secas, y está incrementando el riesgo de sequías agrícolas que afectan a cultivos y sequías ecológicas que aumentan la vulnerabilidad de los ecosistemas. Las sequías también pueden provocar destructivas tormentas de arena y polvo capaces de desplazar miles de millones de toneladas de arena de un continente a otro. Los desiertos se expanden y se reducen las tierras aptas para el crecimiento de cultivos. Mucha gente se enfrenta a períodos habituales de escasez de agua.

Aumento del nivel del océano y calentamiento del agua

El océano absorbe la mayor parte del calor generado por el calentamiento global. El ritmo al que se ha elevado el calentamiento del océano ha aumentado considerablemente durante las últimas dos décadas a todas las profundidades. A medida que se calienta el océano, su volumen aumenta porque el agua se expande. El deshielo de las placas de hielo y los icebergs hace que se eleve el nivel del mar amenazando a las comunidades litorales e insulares. Además, el océano absorbe dióxido de carbono y evita su acumulación en la atmósfera. Pero un mayor contenido de dióxido de carbono hace que el océano se acidifique más, lo que pone en peligro tanto a las especies marinas como a los arrecifes de coral.

Desaparición de especies

El cambio climático pone en riesgo la supervivencia de las especies terrestres y oceánicas. Estos riesgos aumentan a medida que ascienden las temperaturas. Debido a la potencia del cambio climático exacerbado, en el mundo se extinguen especies a un ritmo 1000 veces mayor que en cualquier otra época de la que se tenga constancia en la historia humana. Un millón de especies están en riesgo de extinguirse en las próximas décadas. Los incendios forestales, un clima extremo y la invasión de plagas con la aparición de enfermedades están entre las amenazas relacionadas con el cambio climático. Algunas especies serán capaces de adaptarse geográficamente, pero otras, no.

Escasez de alimentos

Los cambios en el clima y el aumento de condiciones meteorológicas extremas son algunos de los motivos que provocan un aumento global en la desnutrición en las poblaciones más pobres. Los recursos pesqueros, los cultivos y el ganado pueden desaparecer o volverse menos productivos. Debido a una continua acidificación oceánica, los recursos marinos que dan alimento a miles de millones de personas se encuentran en riesgo. Los cambios en las capas de nieve y hielo de los casquetes polares han alterado el suministro de alimentos generados por la ganadería, la caza y la pesca. Un calor extremo puede hacer disminuir el agua y los pastizales destinados a la ganadería, provocando una disminución de la producción agrícola y afectando al ganado.

Más riesgos para la salud

El cambio climático supone la mayor amenaza única para la salud de la humanidad. El cambio climático ya daña, de hecho, la salud, a través de la contaminación, las enfermedades, los fenómenos meteorológicos extremos, los desplazamientos forzados, las presiones en la salud mental, así como un aumento del hambre y la desnutrición en lugares donde las personas no pueden producir o encontrar alimentos suficientes. Cada año, los factores medioambientales acaban con la vida de cerca de 13 millones de personas. Los patrones del cambio climático están extendiendo enfermedades, los fenómenos meteorológicos extremos producen más muertes y dificultan la capacidad de los sistemas sanitarios para soportar la presión.

Pobreza y desplazamiento

El cambio climático aumenta los factores que llevan y mantienen a la gente en la pobreza. Las inundaciones pueden arrasar barrios marginales, destruyendo hogares y comunidades. El calor dificulta la ejecución de trabajos en el exterior. La escasez de agua puede afectar a los cultivos. Durante la última década (2010-2019), los sucesos relacionados con el clima desplazaron a un total aproximado de 23,1 millones de personas de media al año, aumentando sus probabilidades de caer en la pobreza. Muchos refugiados provienen de países que son más vulnerables y menos preparados para adaptarse a los efectos del cambio climático.

ACTIVIDADES

Identifica los efectos del cambio climático en tu región; analiza y compara los cambios que se observan.

Investiga sobre los sectores industriales que generan más impactos ambientales y cómo los Estados intentan controlarlos.

3.5. EXTRACCIÓN DEL PETRÓLEO

El petróleo es un líquido aceitoso, viscoso e inflamable, constituido por una mezcla de hidrocarburos, que, de forma natural, se encuentra en determinadas formaciones geológicas.

La teoría más aceptada sobre su formación afirma que es el producto de la degradación, a través de grandes presiones y temperaturas, de materia orgánica procedente de restos de animales y plantas.

El petróleo no puede utilizarse tal como es extraído, porque el crudo tiene demasiados componentes, cada uno de ellos con propiedades diferentes. Para aprovecharlo, se separan estos componentes, normalmente mediante destilación.

En las últimas décadas, la mayor demanda de hidrocarburos ligeros (gasolinas) ha hecho que también se emplee en procesos de ruptura catalítica *(cracking)* para romper las cadenas de los hidrocarburos pesados en otros más ligeros.

El petróleo en España

El petróleo y sus derivados constituyen la mayor parte de la energía consumida en España (en 2011, un 45,1 % de la energía primaria provino del petróleo).

El consumo en 2011 disminuyó un 4,4 % respecto al año anterior para situarse en 58,3 millones de toneladas.

Aunque en España existen yacimientos de petróleo, su producción en 2011 fue solo de cien mil toneladas, lo que hace que la práctica totalidad del crudo que se trata en las refinerías españolas tenga que ser importado.

Los países que en 2011 suministraron más del 10 % del total son Rusia, México, Irán, Libia, Arabia Saudita y Nigeria.

¿Qué es el pico del petróleo?

Se llama pico o cenit del petróleo al punto a partir de cual la producción mundial de petróleo deja de crecer tras haber alcanzado su máximo, y comienza entonces a disminuir. Se continúa produciendo crudo, pero en menor cantidad cada año. El resultado es que el petróleo es más difícil de encontrar y más caro de producir, hasta su irremediable agotamiento.

Figura 3.14. Pico del petróleo. Fuente: X.

El descubrimiento de nuevos yacimientos llegó a su máximo en los años 60 y, desde entonces, ha ido decreciendo. Es decir, que los grandes yacimientos de petróleo ya han sido localizados y, en gran medida, explotados. Sin nuevos pozos y con un incesante aumento del consumo, cada vez será más difícil de extraer y caro de producir. De ahí que los analistas predigan una grave recesión económica cuando se alcance el pico de producción. Consecuencias ante las que los países deberían estarse ya anticipando mediante la apuesta por un modelo de consumo energético más sostenible y menos dependiente de los combustibles fósiles.

Cómo se extrae el petróleo: todo el proceso

El viaje comienza con una de las partes más complejas: la exploración. Se utilizan diversas herramientas de alta tecnología, como Sherlock, que ayudan a determinar dónde hay nuevos yacimientos, con petróleo o gas, y a conocer en qué cantidad y en qué condiciones se encuentran. Este proceso ofrece las claves para desarrollar un plan de producción en función de las características del yacimiento.

Una vez localizado el yacimiento y comprobada su viabilidad, comienza la segunda fase: la extracción o producción. Para extraer el gas o petróleo que se encuentra en el yacimiento se emplean técnicas de perforación siguiendo los más altos estándares de seguridad. En esta fase centramos nuestros esfuerzos en obtener el máximo rendimiento de los yacimientos de forma eficiente y responsable, minimizando el impacto ambiental y garantizando la máxima seguridad en los procesos.

Una vez fuera del yacimiento, el crudo de petróleo es transportado por medio de oleoductos o buques petroleros hasta las refinerías.

En la refinería, mediante un proceso de destilación, se separan las distintas fracciones del petróleo para transformarlo en productos de mayor calidad y valor añadido. En esta fase intervienen infinidad de procesos físicos y químicos que dan lugar a productos que usamos en nuestra vida diaria, por ejemplo, propano, butano o gasóleo.

Todo este largo viaje hace posible que tengamos en casa gas para calefacción o para cocinar, permite que vehículos circulen y posibilita procesos industriales como el metalúrgico, la fabricación de plásticos, la cocción de cerámicas o la producción de fertilizantes, entre otros.

3.6. LOS RESIDUOS

Un residuo, según se define en el artículo 2.al. de la Ley 22/2011, de 28 de julio, de residuos y suelos contaminados, y la Ley 7/2022, de 8 de abril, de residuos y suelos contaminados para una economía circular, es cualquier sustancia u objeto que su poseedor deseche o tenga la intención o la obligación de desechar.

No obstante, una sustancia u objeto resultante de un proceso de producción, cuya finalidad primaria no sea la producción de esa sustancia u objeto, podrá ser considerada como subproducto y no como residuo cuando se cumplan unas determinadas condiciones.

Además, determinados tipos de residuos, que hayan sido sometidos a una operación de valorización, incluido el reciclado, podrán dejar de ser considerados como tales, a los efectos de lo establecido en la Ley 7/2022, de 8 de abril, siempre que se cumplan determinadas condiciones.

3.6.1. Clasificación de los residuos

En función de su origen

- *Residuos domésticos (art. 2.at, Ley 7/2022)*

  Son residuos peligrosos o no peligrosos generados en los hogares como consecuencia de las actividades domésticas. Se consideran también residuos domésticos los similares en composición y cantidad a los anteriores generados en servicios e industrias, que no se generen como consecuencia de la actividad propia del servicio o industria.

  Se incluyen también en esta categoría los residuos que se generan en los hogares de, entre otros, aceites de cocina usados, aparatos eléctricos y electrónicos, textil, pilas, acumuladores, muebles, enseres y colchones, así como los residuos y escombros procedentes de obras menores de construcción y reparación domiciliaria.

  Tendrán la consideración de residuos domésticos, los residuos procedentes de la limpieza de vías públicas, zonas verdes, áreas recreativas y playas, los animales domésticos muertos y los vehículos abandonados.

Figura 3.15. Contenedores para residuos.

- *Residuos comerciales (art. 2.aq, Ley 7/2022)*

  Los residuos generados por la actividad propia del comercio, al por mayor y al por menor, de los servicios de restauración y bares, de las oficinas y de los mercados, así como del resto del sector servicios.

- *Residuos agrarios y silvícolas (art. 2.ao, Ley 7/2022)*

  Son los residuos generados por las actividades agrícolas, ganaderas y silvícolas.

Figura 3.16. Residuos agrícolas. Elaboración propia.

- *Residuos de construcción y demolición (art. 3.as, Ley 7/2022)*

  Son los residuos generados por las actividades de construcción y demolición.

Figura 3.17. Residuos de demolición. Elaboración propia.

- *Residuos industriales (art. 2.au, Ley 7/2022)*

  Son los residuos resultantes de los procesos de producción, fabricación, transformación, utilización, consumo, limpieza o mantenimiento generados por la actividad industrial como consecuencia de su actividad principal.

En función de su peligrosidad

- *Residuos peligrosos (art. 2.añ, Ley 7/2022)*

  Un residuo peligroso es el que presenta una o varias de las características peligrosas enumeradas en el anexo I, y aquel que sea calificado como residuo peligroso por el Gobierno de conformidad con lo establecido en la normativa de la Unión Europea o en los convenios internacionales de los que España sea parte.

  También se comprenden en esta definición los recipientes y envases que contengan restos de sustancias o preparados peligrosos o estén contaminados por ellos, a no ser que se demuestre que no presentan ninguna de las características de peligrosidad enumeradas en el anexo I.

  Algunos ejemplos:

  — Residuos de amianto.

  — Aceites industriales usados y PCB.

  — «Vehículos al final de su vida útil».

  — La mayoría de las pilas y acumuladores.

Figura 3.18. Residuos de amianto. Elaboración propia.

Algunos residuos de aparatos eléctricos y electrónicos (RAEE), tales como frigoríficos, aparatos de aire acondicionado, móviles, pantallas y televisores con tecnología distinta de led, fluorescentes y lámparas de descarga no led, paneles fotovoltaicos.

Algunos residuos sanitarios, tales como los residuos sanitarios del Grupo III (sangre y hemoderivados, material punzante y cortante, residuos infecciosos, etc.) y los medicamentos citotóxicos y citostáticos.

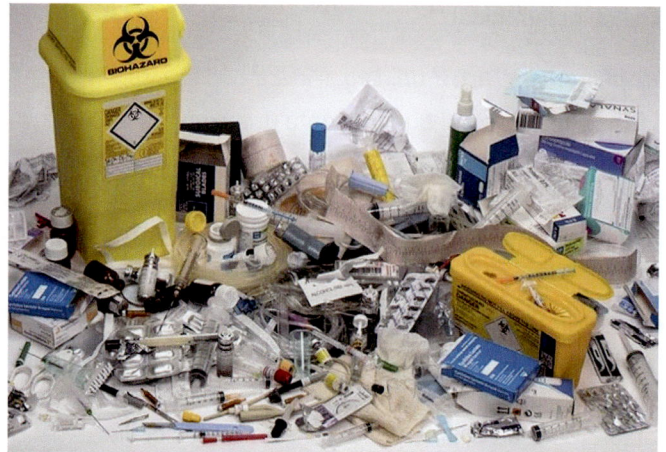

Figura 3.19. Residuos peligrosos. Elaboración propia.

- *Residuos* no *peligrosos (art. 2.an, Ley 7/2022)*

  Un residuo no peligroso es aquel que no tenga la consideración de residuo peligroso.

  Algunos residuos: lodos de depuración, biorresiduos, neumáticos al final de su vida útil, la mayoría de residuos de construcción y demolición, residuos textiles, etc.

En función de su tipología

Según el tipo de material con los que este fabricado, los residuos se pueden diferenciar por tener flujos especiales de tratamiento: residuos de aparatos eléctricos y electrónicos (RAEE), pilas y acumuladores, «vehículos al final de su vida útil», neumáticos fuera de uso (NFU), aceites industriales usados, residuos sanitarios, envases, residuos de construcción y demolición (RCD), biorresiduos, etc.

Figura 3.20. Residuos con flujo especial. Elaboración propia.

3.7. SISTEMAS DE TRANSPORTE MUNDIAL

El transporte es el movimiento de personas, bienes y mercancías de un lugar a otro. En la actualidad, la sociedad tiene una gran dependencia del coche particular, usándolo diariamente para la mayor parte de desplazamientos. Pero cuando tiene que realizar desplazamientos más largos, que implica un proceso logístico que muchas veces es trasfronterizo y elige otro medio de transporte como puede ser: tren, avión, barco, etc.

El transporte que elija, ya sea para trasladar personas o mercancías de todo tipo, genera como resultado un aspecto ambiental que normalmente es el consumo de combustible fósil, el cual genera un impacto en el medioambiente como la contaminación atmosférica, calentamiento global y el efecto invernadero.

Entre 1990 y 1998, las emisiones de gases acidificantes del sector del transporte disminuyeron en un 20 %, y en un 25 % las emisiones de los contaminantes responsables del «smog» del ozono troposférico, los óxidos de nitrógeno (NOx) y los compuestos orgánicos volátiles (COV). No obstante, son necesarios esfuerzos suplementarios (también en otros sectores) para alcanzar los objetivos comunitarios de reducción de las emisiones de estas sustancias.

El consumo de energía por parte del sector del transporte se ha incrementado en un 47 % desde 1985, en comparación con el 4,2 % en los otros sectores económicos.

El transporte es el responsable del 24 % de todas las emisiones antropogénicas en la UE de dióxido de carbono (CO_2), el principal gas de efecto invernadero: solo el transporte rodado representa el 84 %. Las emisiones de CO_2 originadas por el transporte se incrementaron en un 15 % entre 1990 y 1998.

El transporte de mercancías por carretera representa actualmente el 43 % del total de toneladas por kilómetro, frente al 33 % de 1980. Para distancias más largas, el transporte marítimo ha ganado adeptos, con una cuota total en toneladas por kilómetro del 42 %.

Se calcula que los costes «externos» del transporte (daños ecológicos, accidentes y congestión) constituyen el 8 % del PIB. Los turismos, los camiones y los aviones registran los costes externos más elevados por unidad de transporte. Algunos países están estableciendo sistemas fiscales o gravámenes que incluyen tales costes en los precios del transporte.

En algunas situaciones compramos alimentos, ropa, utensilios, etc. de los que no nos paramos a pensar cuál es su procedencia, cuál ha sido el trayecto que ha seguido desde su lugar de origen hasta llegar al comercio europeo, ni el coste medioambiental que genera ese trayecto. En la mayoría de casos proceden de China u otros países asiáticos.

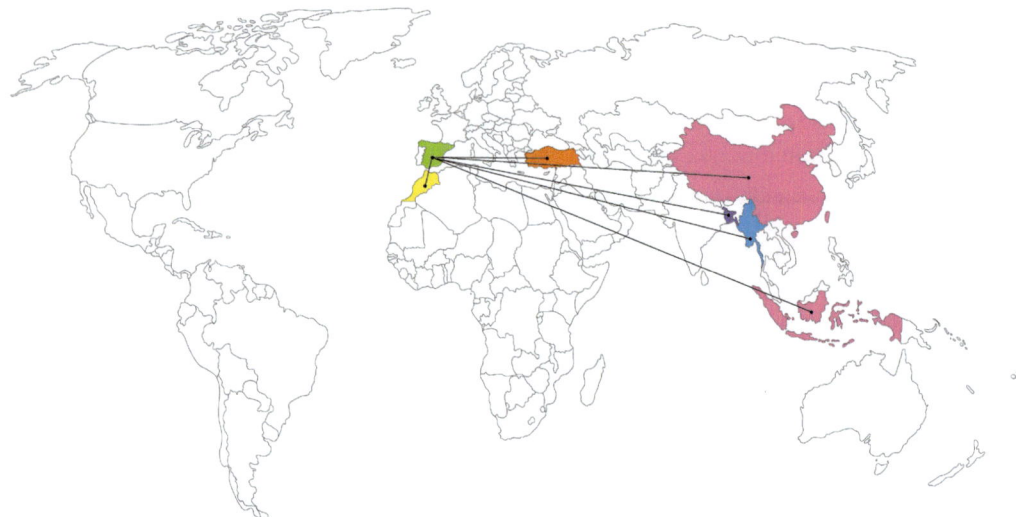

Figura 3.21. Trayecto de productos de importación. Elaboración propia.

El impacto ambiental de los medios de transporte es una preocupación crítica en la actualidad. Diferentes modos de transporte, desde vehículos personales hasta transporte público y aviación, contribuyen de manera distinta a la contaminación del aire, emisión de gases de efecto invernadero y consumo de recursos naturales. Entender estas diferencias es esencial para tomar decisiones informadas que permitan mitigar el impacto ambiental.

El transporte por carretera es uno de los mayores contribuyentes a la contaminación del aire. Los automóviles, camiones y motos emiten grandes cantidades de dióxido de carbono (CO_2) y otros contaminantes. Además, el desgaste de los neumáticos y frenos contribuye a la contaminación por partículas. La adopción de vehículos eléctricos y el uso de combustibles alternativos están emergiendo como soluciones para reducir estos efectos.

El transporte público, como autobuses y trenes, tiende a tener un impacto ambiental menor por pasajero en comparación con los vehículos personales. No obstante, la eficiencia energética y las emisiones del transporte público dependen significativamente de factores como el tipo de combustible utilizado y la tecnología de los vehículos. Los sistemas eléctricos y de bajas emisiones están demostrando ser opciones más sostenibles.

Por otro lado, la aviación contribuye significativamente al cambio climático a través de sus altas emisiones de CO_2 y otros gases de efecto invernadero. A pesar de transportar a más personas en menos tiempo, el consumo de combustible por pasajero es considerablemente alto.

La investigación en combustibles de aviación sostenibles y tecnologías más eficientes es fundamental para reducir este impacto.

El transporte aéreo es notoriamente uno de los medios que más CO_2 emite por pasajero-kilómetro recorrido. Los aviones utilizan combustibles fósiles altamente tóxicos que, además de liberar grandes cantidades de CO_2, también emiten otros contaminantes como óxidos de nitrógeno (NOx) que contribuyen al calentamiento global.

En el ámbito del transporte terrestre, los automóviles, camiones y autobuses son los principales responsables de las emisiones de dióxido de carbono. Sin embargo, la magnitud de estas emisiones varía según el tipo de vehículo y su eficiencia de combustible. Los vehículos eléctricos presentan una alternativa más ecológica, aunque su adopción aún es limitada en muchas regiones.

El transporte marítimo, aunque menos intensivo en emisiones de CO_2 por tonelada-kilómetro en comparación con el aéreo y terrestre, sigue siendo una fuente considerable de contaminación. Los grandes cargueros y buques utilizan combustibles pesados que no solo emiten CO_2, sino también azufre y otros contaminantes perjudiciales para el medioambiente.

En el mundo actual, la preocupación por el impacto ecológico de nuestros medios de transporte ha cobrado gran importancia. Evaluar el daño ambiental que generan los medios de transporte es esencial para tomar decisiones más sostenibles.

3.8. EVOLUCIÓN DE LA POBLACIÓN Y URBANISMO

Debido a los procesos de urbanización, las ciudades crecen en número y se extienden sobre el territorio, perdiendo su compacidad y dificultando su definición. De ahí, el interés de las ciencias sociales por su definición y estudio, y del planeamiento urbano por su ordenación.

Pero para llegar a comprender la realidad actual debemos estudiar su historia y su evolución. La ciudad es el resultado de esa historia y de cómo ha sido organizada por las diferentes sociedades a lo largo de los años.

Vivimos en un planeta urbano donde más del 55 % de la población vive en ciudades. Además, el proceso de urbanización se está acelerando y se estima que, para 2030, más del 60 % de la población vivirá en ciudades (Naciones Unidas,

2018). A la vista de estas cifras, podemos afirmar que hoy vivimos en un planeta urbano y que principalmente la población urbana se localiza en el hemisferio norte y se concentra principalmente en los países desarrollados, aunque también podemos encontrar países emergentes con altos niveles de población urbana como India.

Vivimos en un planeta urbano

El 55% de la población vive en áreas urbanas (Naciones Unidas, 2018)

Figura 3.22. Porcentaje de población que vive en ciudades. Fuente: ONU.

La distribución de la población urbana en función del tamaño poblacional de los asentamientos también se está modificando. Las ciudades que más están creciendo son las ciudades de más de un millón de habitantes, que en 2018 alcanzaban la cifra de 548 ciudades y que se estima que lleguen a la cifra de 706 en 2030 (Naciones Unidas, 2018). Se aprecia también que se está produciendo un crecimiento de las megaciudades (ciudades con más de 10 millones de habitantes), que, en la actualidad, se localizan fundamentalmente en Latinoamérica, Asia y Estados Unidos, aunque se empieza a apreciar un fuerte crecimiento en otras regiones menos urbanizadas como es África. La tendencia de estas megaciudades es a crecer en número, en 2018 se contabilizaron 33 y para 2030 se espera que crezca el número hasta 43 (Naciones Unidas, 2018).

Por otro lado, debemos considerar que la urbanización es un proceso socioeconómico complejo que transforma el espacio rural en asentamientos urbanos y que también implica un cambio en la distribución de la población desde las áreas rurales a las áreas urbanas. Conlleva, por tanto, cambios sociales, culturales, en el modo de vida, etc. La urbanización toma forma a través del planeamiento espacial y urbano, y es el resultado de inversiones públicas y privadas en infraestructuras y edificaciones. No todas las regiones están igualmente urbanizadas, pero aquí también nos encontramos con la dificultad de medir ese proceso y de definir qué es urbanizar. Intuitivamente, podríamos definirlo como aquel proceso por el cual un espacio que no era urbano se convierte en ciudad. Entramos aquí también en la complejidad que implica el concepto de ciudad, porque no podemos definir de igual modo, por ejemplo, la ciudad medieval y la ciudad actual. Ni tampoco nos podrán servir los mismos criterios para definir una ciudad de África o una ciudad europea.

En todo caso, los criterios que habitualmente se utilizan en el ámbito internacional para hablar del grado de urbanización de un país son los porcentajes de población urbana respecto a la población rural. Así, encontramos países como Australia o Brasil que están fuertemente urbanizados, porque prácticamente casi toda su población vive en ciudades. En el ámbito regional, observaríamos que África presenta el menor porcentaje de población urbana, mientras que Norteamérica se encontraría en el extremo opuesto con el 82 % de su población viviendo en ciudades.

3.9. PÉRDIDA DE LA BIODIVERSIDAD

La biodiversidad se define tradicionalmente como la variedad de vida en todas sus formas. Comprende el número de especies, su variación genética y la interacción de estas formas de vida dentro de ecosistemas complejos.

Los científicos advirtieron en 2019 que un millón de especies, del total estimado de ocho millones, está en peligro de extinción, muchas de ellas podrían extinguirse en unas décadas, según un informe de la ONU.

Algunos investigadores incluso consideran que estamos en medio del sexto proceso de extinción masiva en la historia del planeta. Las extinciones masivas conocidas anteriormente aniquilaron entre el 60 % y el 95 % de todas las especies. Los ecosistemas tardan millones de años en recuperarse.

¿Por qué es importante la biodiversidad?

Los ecosistemas saludables nos brindan muchos elementos esenciales que damos por sentado. Las plantas convierten la energía del sol y la ponen a disposición de otras formas de vida. Las bacterias y otros organismos vivos descomponen la materia orgánica en nutrientes proporcionando a las plantas un suelo sano para crecer. Los polinizadores son esenciales en la reproducción de las plantas, lo que garantiza nuestra producción de alimentos. Las plantas y los océanos actúan como grandes sumideros de carbono. El ciclo del agua depende en gran medida de los organismos vivos.

En resumen, la biodiversidad nos proporciona aire limpio, agua dulce, suelos de buena calidad y polinización de cultivos. Nos ayuda a combatir el cambio climático y adaptarnos a él, y reduce el impacto de los peligros naturales.

Dado que los organismos vivos interactúan en ecosistemas dinámicos, la desaparición de una especie puede tener un impacto de gran alcance en la cadena alimentaria. Es imposible saber exactamente cuáles serían las consecuencias de las extinciones en masa para los humanos, pero sí sabemos que por ahora la diversidad de la naturaleza nos permite prosperar.

Principales causas de la pérdida de biodiversidad:

- Cambios en el uso del suelo (por ejemplo, deforestación, monocultivo intensivo, urbanización).

- Explotación directa como la caza y la sobrepesca.

- Cambio climático.

- Contaminación.

- Especies exóticas invasoras.

La Comisión Europea presentó, en mayo de 2020, la nueva estrategia sobre biodiversidad para 2030, siguiendo las demandas del Parlamento, que en enero del mismo año exigió abordar las principales causas de la pérdida de biodiversidad y establecer objetivos legalmente vinculantes.

En esta nueva estrategia la UE se ha comprometido a conservar al menos un 30 % de las zonas marinas y terrestres de la Unión, que abarca bosques, humedales, turberas, pastizales y ecosistemas costeros, y a proteger estrictamente al menos el 10 % de las zonas marinas y terrestres de la Unión, incluidos todos los bosques primarios y maduros que aún persisten y otros ecosistemas ricos en carbono.

También exigieron una revisión urgente de la iniciativa de los polinizadores de la UE, que incluya un nuevo marco de seguimiento de los polinizadores a escala de la UE, con medidas sólidas, objetivos e indicadores precisos y acotados en el tiempo, como indicadores de impacto, y el necesario desarrollo de capacidades.

Colmenas en las azoteas en Roma

Un huerto con vistas a la torre Eiffel

Figura 3.23. Soluciones para la iniciativa de polinización en las ciudades. Elaboración propia.

3.10. PREGUNTAS DE AUTOEVALUACIÓN

3.1. ¿Cuál de los siguientes NO es un impacto ambiental causado por la actividad humana?

  a. Calentamiento global.

  b. Aumento de la biodiversidad.

  c. Desertización.

  d. Contaminación atmosférica.

3.2. ¿Qué relación existe entre los aspectos ambientales y los impactos ambientales?

  a. No tienen relación directa.

  b. Los aspectos son causas y los impactos son sus consecuencias.

  c. Los impactos causan aspectos ambientales.

  d. Son términos sin aplicación práctica.

3.3. ¿Cuál de los siguientes ejemplos representa un aspecto ambiental?

  a. Pérdida de biodiversidad.

  b. Generación de residuos.

  c. Aumento de la temperatura global.

  d. Afecciones a la salud humana.

3.4. ¿Qué busca lograr la Norma UNE-EN ISO 14001?

  a. Aumentar la producción industrial.

  b. Promover el comercio exterior.

  c. Mejorar el desempeño ambiental de las organizaciones.

  d. Establecer los precios del mercado.

3.5. ¿Cuál es una característica de los sistemas de producción no sostenibles?

  a. Reducción del uso de recursos.

  b. Basados en energías renovables.

  c. Sobreexplotación de los recursos naturales.

  d. Incentivo a la economía circular.

3.6. ¿Qué efecto negativo se asocia principalmente con la economía lineal?

  a. Reutilización de materiales.

  b. Reducción de residuos.

  c. Empleo digno y estable.

  d. Contaminación y uso excesivo de recursos.

3.7. ¿Qué principio de la economía circular implica actualizar objetos antiguos para prolongar su utilidad?

  a. Reparar.

  b. Renovar.

  c. Reducir.

  d. Rediseñar.

3.8. ¿Qué sector económico tiene un gran impacto ambiental por su consumo de recursos y generación de residuos?

  a. Educación.

  b. Servicios financieros.

  c. Industria manufacturera.

  d. Turismo ecológico.

3.9. ¿Cuál de los siguientes gases es un contaminante típico de la contaminación atmosférica?

  a. Oxígeno.

  b. Monóxido de carbono.

  c. Nitrógeno.

  d. Hidrógeno.

3.10. ¿Qué efecto principal tiene la contaminación hídrica en los seres vivos?

  a. Mejora la fertilidad del suelo.

  b. Convierte el agua potable en un recurso no apto para el consumo.

  c. Aumenta la biodiversidad acuática.

  d. Favorece la pesca industrial.

3.11. ¿Cuál de las siguientes actividades contribuye a la contaminación del suelo?

   a. El uso de paneles solares.

   b. La reforestación.

   c. El vertido de pilas usadas.

   d. La construcción de parques ecológicos.

3.12. ¿Cuál es una de las consecuencias más importante de la contaminación térmica?

   a. El descenso de las temperaturas globales.

   b. El aumento de la capa de ozono.

   c. El derretimiento de los polos y glaciares.

   d. La disminución de la actividad volcánica.

3.13. ¿Qué tipo de contaminación se relaciona directamente con la agricultura intensiva y el uso de fertilizantes?

   a. Contaminación acústica.

   b. Contaminación del suelo.

   c. Contaminación visual.

   d. Contaminación lumínica.

3.14. ¿Cuál de los siguientes problemas de salud puede estar asociado a la contaminación acústica?

   a. Hipertensión y trastornos del sueño.

   b. Diabetes.

   c. Alergias cutáneas.

   d. Miopía.

3.15. ¿Qué tipos de residuos se incluyen como residuos domésticos según el artículo 2.at de la Ley 7/2022?

   a. Solo los generados por actividades industriales en hogares.

   b. Solo los residuos orgánicos.

   c. Los generados en hogares por actividades domésticas, y los similares generados en servicios e industrias.

   d. Únicamente residuos textiles y muebles.

3.16. ¿A qué categoría pertenecen los residuos derivados de la agricultura, ganadería y actividades forestales?

a. Residuos comerciales.

b. Residuos industriales.

c. Residuos domésticos.

d. Residuos agrarios y silvícolas.

3.17. ¿Cuál es la principal diferencia entre un residuo peligroso y uno no peligroso?

a. La cantidad de residuo generado.

b. El lugar donde se genera.

c. La presencia de características peligrosas según el anexo I de la Ley.

d. El tamaño del contenedor utilizado para desecharlo.

3.18. ¿Qué caracteriza a los residuos industriales?

a. Son originados por el transporte de mercancías.

b. Son generados por hogares durante su actividad diaria.

c. Son derivados de procesos productivos y de mantenimiento industrial.

d. Son residuos no peligrosos exclusivamente.

3.19. ¿Cuál de los siguientes es un ejemplo de residuo peligroso?

a. Lodos de depuración.

b. Aceites industriales usados.

c. Neumáticos al final de su vida útil.

d. Biorresiduos.

3.20. ¿Qué tipos de residuos se considera que tienen flujos especiales de tratamiento?

a. Solo residuos de envases.

b. Solo residuos sanitarios.

c. Aquellos según su material: RAEE, pilas, aceites, vehículos, etc.

d. Únicamente residuos peligrosos.

4. DESARROLLO SOSTENIBLE

4.1. ECODEPENDENCIA Y CODEPENDENCIA ENERGÉTICA

La ecodependencia hace referencia a la idea de que los seres humanos, tanto individualmente como en sociedad, vivimos en una situación de dependencia o necesidad respecto de la naturaleza, en el sentido de que necesitamos de los elementos naturales, aire, agua, tierra, y de los ecosistemas y su biodiversidad para garantizar el desarrollo humano, a corto y a largo plazo, en aras de nuestra salud, bienestar y economías y las de las generaciones futuras.

La ecodependencia se contrapone al mismo tiempo al antropocentrismo, afirmando que los seres humanos somos también parte de la naturaleza, una parte crítica a su vez, debido a nuestras capacidades y vulnerabilidades, y que todo, los elementos naturales y los seres vivos, incluyéndonos, forma una totalidad orgánica e interconectada.

La codependencia energética es un concepto que se utiliza sobre todo en contextos de crecimiento personal y relaciones humanas, aunque no es un término clínico oficialmente reconocido en psicología tradicional. Se refiere a una dinámica desequilibrada en la que una persona depende emocional y energéticamente de otra para sentirse completa, segura o con propósito.

Si transponemos esta definición a la relación que poseemos con la energía eléctrica, tenemos que la codependencia energética es una relación disfuncional entre sistemas eléctricos en la que uno depende excesivamente del otro para su funcionamiento, comprometiendo la eficiencia, autonomía y estabilidad general.

A lo largo de las dos últimas décadas, España ha evolucionado hacia una creciente diversificación energética, caracterizada por la penetración progresiva de las energías renovables en el sistema energético nacional. El potencial de producción autóctona asociado a las energías renovables, unido a los progresos en eficiencia energética, está teniendo un efecto positivo sobre la capacidad de autoabastecimiento. Sin embargo, el descenso del consumo de productos petrolíferos debido al efecto de la COVID-19 supuso que dicha capacidad en 2020 se incrementase por encima de la tendencia histórica, pasando del 73,2 % al 68,9 %. La dependencia en 2021 fue del 70,1 %, al normalizarse paulatinamente los consumos de gasolina y diésel en el transporte, si bien se trata de un valor inferior a 2019 que confirma la tendencia histórica de reducción de la dependencia. En valores absolutos, la producción interior se incrementó en 2021 respecto a 2020, impulsada por el aumento de la producción interior de energía de origen renovable (+6,7 %), y que representa junto a la producción de origen nuclear y de residuos el 99,8 % de toda la producción autóctona de energía, situándose la aportación renovable en el 56 % del total.

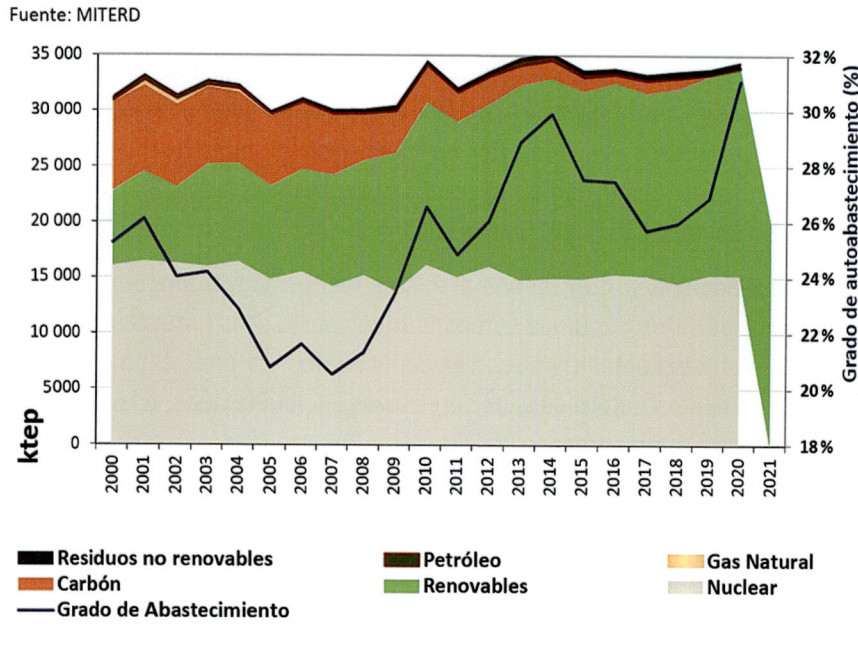

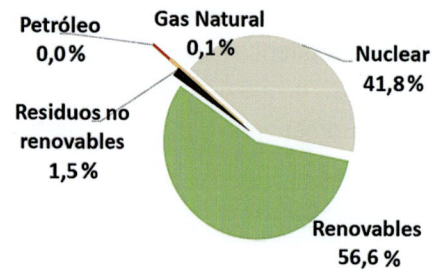

Figura 4.1. Cambios en la dependencia de combustible fósil. Fuente: MITERD.

4.2. EL DECRECIMIENTO Y BIEN COMÚN

El crecimiento económico se traduce, entre otros, en agresiones ambientales literalmente irreversibles.

Facilita el agotamiento de recursos que no estarán a disposición de las generaciones venideras.

Y se vincula al expolio de recursos humanos y materiales de los países pobres.

Facilitando el asentamiento de un modo de vida «esclavo», en virtud del cual tendemos a pensar que seremos más felices cuantas más horas trabajemos, más dinero ganemos y más bienes lleguemos a consumir.

El decrecimiento es un movimiento que aboga por una economía sostenible, que no es lo mismo que un crecimiento sostenible, en la que se conservan los recursos y se minimizan los residuos.

Así, el decrecimiento consiste en reducir el consumo y el tamaño de la mano de obra para conseguir un entorno más estable, poniendo en el centro de su discurso el equilibrio de la vida en relación con el medioambiente.

Aunque el movimiento es relativamente nuevo, su objetivo de reducir el consumo para ahorrar recursos no lo es.

A lo largo de los años, muchos pensadores han abogado por una huella ecológica más pequeña y sostenible, pero no ha sido hasta hace poco que el término «decrecimiento» ha entrado en la conversación principal.

He aquí algunas cosas que se deben saber sobre este movimiento:

- El decrecimiento no es simplemente una nueva tendencia o moda; es un concepto arraigado en hechos científicos.

- Según algunos estudios, la población humana ya ha superado la capacidad de carga sostenible de la Tierra.

- A medida que la población mundial sigue creciendo, también debe hacerlo nuestro deseo de disponer de menos recursos.

- En otras palabras, si queremos vivir dentro de los límites medioambientales, debemos reducir nuestro consumo.

Para entender el decrecimiento es necesario salir del paradigma económico dominante y ser consciente de que se han sobrepasado los límites del planeta.

Cada vez resulta más evidente que la eficacia económica no sirve para resolver los problemas ambientales, además hemos de tener en cuenta el efecto rebote:

aunque disminuye el impacto en el consumo de recursos por unidad de producto, en términos absolutos, este consumo sigue incrementándose. Se fabrican coches de bajo consumo y gasolina sin plomo, pero aumenta el número de coches, de kilómetros recorridos y de autopistas; se generaliza el uso de bombillas y electrodomésticos de bajo consumo, pero aumenta el gasto eléctrico y el número de electrodomésticos por familia.

Si seguimos consumiendo recursos al ritmo actual, eventualmente se nos acabarán.

Esto sería catastrófico para la humanidad, ya que no seríamos capaces de sostener nuestras poblaciones.

Figura 4.2. Seguimos consumiendo. Elaboración propia.

Características de este cambio de modelo

Todo ello implicaría un cambio radical y supondría una reorganización de las «reglas del juego», en lo que respecta a la organización social y económica existente y en las formas de producir, consumir y vivir, destacando:

- La primacía de la vida social frente a la lógica de la producción, consumo y competitividad, reivindicando el desarrollo de sectores económicos que tienen que ver con el respeto del medio natural y con la atención de las necesidades sociales insatisfechas.

- El ocio creativo frente a aquellas formas de ocio mercantilizadas vinculadas al dinero.

- El reparto del trabajo, dedicando menos horas al mismo, para disponer así de mayor tiempo libre y, de este modo, reducir los niveles de consumo.

- La necesidad de reducir el tamaño de muchas infraestructuras productivas, administrativas y de transporte.

- La recuperación de la vida local frente a lo global, en un escenario de recuperación paralela de la autogestión y democracia directa.

- La sencillez, austeridad y sobriedad voluntarias, la contención de los consumos y la cooperación.

4.3. LA DEUDA Y EL PAPEL SOCIAL DEL DINERO

Una deuda consiste en pedir dinero prestado con la intención de comprar ahora y pagarlo más tarde.

Es muy difícil que una persona se pase toda la vida sin endeudarse. Hay grandes compras que hacer como una vivienda o un coche, que implican un gran gasto. En ocasiones tiene sentido pedir prestado y luego pagar poco a poco, antes que intentar ahorrar toda la cantidad y pagarla de una vez.

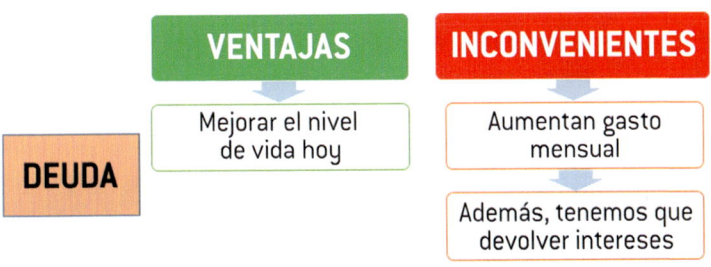

Figura 4.1. Cambios en la dependencia de combustible fósil. Fuente: MITERD.

El dinero es todo medio de cambio de pago-cobro generalmente aceptado. Es decir, para que algo pueda ser considerado dinero, todo el mundo tiene que reconocerlo como algo de valor que le permitirá comprar otros bienes.

La clave del dinero, por tanto, está en la confianza. El señor que nos vende la leche acepta nuestro dinero con mucho gusto porque sabe que podrá utilizarlo para hacer sus pagos. Con ese dinero puede pagar la nómina al dependiente de su tienda. El dependiente cogerá el dinero de la nómina y pagará la guardería de su hijo. La guardería pagará con ese dinero a su profesor, y el profesor podrá comprar leche. Entonces, el dinero posibilita muchos intercambios y satisface muchas necesidades. Por eso, el dinero es el aceite que pone en marcha el motor de la economía. El dinero es solo aquello que TODO el mundo aceptará como medio de pago.

¿Y por qué analizamos la deuda y el dinero?

Porque son unos de los medios con lo que se logra crecimiento económico, el dinero–deuda lo impulsa, y se basa en:

- La explotación de los recursos naturales, como la energía fósil, agua, bosques, etc.

- Producción masiva y consumo acelerado, lo cual genera residuos y emisiones.

Y que nos llevará al deterioro ecológico, perdida de la biodiversidad, cambio climático, contaminación, etc.

Los países en desarrollo, a menudo, se endeudan para sostener infraestructuras, exportaciones o servicios básicos. Para pagar esa deuda (en divisas fuertes), explotan recursos naturales y exportan materias primas, a menudo en condiciones ambientales degradantes. Esto crea una forma de «colonialismo ecológico», donde el norte global se beneficia mientras el sur sufre las consecuencias ambientales.

Un ejemplo claro de colonialismo ecológico es el caso de la industria minera del litio en el «Triángulo del litio» en Sudamérica, que abarca partes de Bolivia, Chile y Argentina. Este fenómeno ilustra cómo países del sur global explotan su medioambiente para sostener economías externas y pagar deudas, en beneficio de industrias extranjeras.

Figura 4.4. Triángulo del litio en Sudamérica. Elaboración propia.

Unas posibles soluciones serían:

- Reformar el sistema financiero para desvincular el dinero del crecimiento obligatorio.

- Fomentar inversiones verdes y economía circular.

- Promover indicadores más amplios que el PIB, como el bienestar o la huella ecológica.

Podemos deducir que el dinero se crea como deuda, y esta deuda impulsa un crecimiento económico que, sin límites ni planificación ecológica, degrada el medioambiente. Por eso, para enfrentar la crisis ambiental, también hay que revisar cómo funcionan nuestras economías y sistemas monetarios.

4.4. RELOCALIZACIÓN Y RERRURALIZACIÓN

La relocalización consiste en el traslado de la producción y las operaciones de una empresa de un país a otro. Tanto la pandemia como la guerra entre Rusia y Ucrania dificultaron los flujos de suministro, por lo que la respuesta fue acelerar este fenómeno de la relocalización en el ámbito global.

Así, en un contexto incierto, las empresas se protegen de irrupciones en la cadena de suministro apostando por una fabricación más cercana. Con ello, se asegura la entrega eficiente de las mercancías a sus clientes, bien sean producciones locales, continentales o intercontinentales.

La relocalización también puede tener implicaciones ambientales positivas. Las cadenas de suministro más cortas significan distancias de transporte reducidas, lo que conduce a menores emisiones de carbono y consumo de energía. Además, las regulaciones ambientales más estrictas en muchos países de origen a menudo dan como resultado prácticas de fabricación más sostenibles en comparación con ciertas ubicaciones en el extranjero. Por ejemplo, un estudio del Instituto Tecnológico de Massachusetts (MIT) encontró que reubicar la producción de prendas de vestir en Estados Unidos podría reducir las emisiones de gases de efecto invernadero hasta en un 20 %.

Figura 4.5. Relocalización como estrategia. Elaboración propia.

Algunos ejemplos prácticos de relocalización serían, por ejemplo:

- Agricultura urbana o periurbana para abastecer ciudades.
- Cooperativas energéticas locales (uso de solar o biomasa).

- Reinstalación de talleres y manufactura artesanal que reemplazan importaciones.

- Sistemas de intercambio comunitarios (como monedas locales o trueque).

En resumen, la relocalización es una estrategia para enfrentar la crisis ecológica y económica mediante la producción y consumo local, fortaleciendo comunidades, reduciendo emisiones y promoviendo un modelo más sostenible y justo.

La re-ruralización o rerruralización es más que simplemente mudarse de vuelta a áreas rurales; se trata de integrar principios rurales, como la sostenibilidad, la vida comunitaria y una relación más cercana con la naturaleza, en nuestras vidas. Este concepto desafía el modelo convencional de desarrollo centrado en lo urbano, abogando por un enfoque equilibrado que valore los entornos y estilos de vida rurales.

La implementación de la rerruralización involucra varias estrategias clave:

1. Promoción de la agricultura sostenible: fomentar la agricultura orgánica y la producción local de alimentos para reducir la huella de carbono y apoyar las economías locales.

2. Revitalización de las comunidades rurales: invertir en infraestructura y servicios rurales para hacer estas áreas más habitables y atractivas.

3. Fomento de la integración urbano-rural: crear políticas e iniciativas que reduzcan la brecha entre áreas urbanas y rurales, fomentando beneficios mutuos.

4. Reducción de la huella ecológica: al producir alimentos localmente y vivir de forma más autosuficiente, se reduce el transporte, el embalaje y el consumo energético.

5. Descongestión urbana y presión sobre ecosistemas periurbanos: menos densidad en ciudades puede implicar menor presión sobre el suelo urbano y sus servicios ecosistémicos (agua, aire, temperatura).

La tecnología y la innovación juegan un papel crucial en la rerruralización. Desde avances en técnicas de agricultura sostenible hasta el uso de fuentes de energía renovables, la tecnología puede hacer que la vida rural sea más viable y atractiva. También ofrece oportunidades para el trabajo remoto, que puede contribuir a la redistribución de la población de ciudades sobrepobladas a áreas rurales.

La pandemia de la COVID-19 y el confinamiento han sido un evento crítico con graves consecuencias psicoemocionales, sociales y para la salud colectiva, de un alcance y una magnitud previamente desconocidos para la mayoría de las generaciones actuales. En este contexto de crisis sociosanitaria, se produjo este fenómeno de rerruralización, en el que un número significativo de personas se trasladó de entornos urbanos a rurales. Se generó la «gran huida».

La crisis de la COVID-19 tuvo muchas consecuencias en distintas órdenes (emocionales, sanitarias, sociales, económicas), pero una de ellas en particular, un fenómeno social que se fraguó durante el confinamiento: el desplazamiento de la ciudad al campo para una reubicación residencial. La pandemia generó un movimiento de rerruralización que llevó a diferentes personas a un éxodo urbano para instalarse en espacios rurales, semirrurales o ruurbanos en España, aunque también se dio en otros países.

El Banco de España pone de relieve que, en 2020, a los municipios considerados rurales (aquellos menores de 10 000 habitantes, según el Instituto Geográfico Nacional) se produjo una llegada neta de 106 000 personas. La estadística de variaciones residenciales del Instituto Nacional de Estadística (INE) fijaba en 2019, el año prepandemia, en unos 46 700 los nuevos residentes rurales, lo que supone que el año de la pandemia se multiplicó por más de dos, siendo alrededor del 75 % los municipios rurales que obtuvieron un saldo residencial positivo.

Y en 2021 se confirma tal tendencia, con un saldo positivo en estos enclaves de 57 358 personas, siendo el 62 % del total de municipios rurales los que ganaron residentes. Un cambio «drástico» de tendencia (como lo define el INE) respecto a los años prepandemia, ya que, en el período 2011-2017, menos de 2000 de los casi 7000 pequeños municipios que existen en España aumentaron su población.

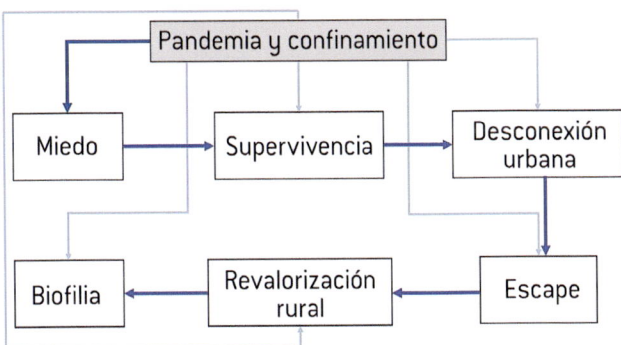

Figura 4.6. Respuesta del ser humano frente a la pandemia. Elaboración propia.

Pero no todo rerruralizar es ecológico, si el retorno al campo replica los modelos urbanos de consumo o especulación inmobiliaria, puede generar gentrificación rural, deforestación para construir viviendas o aumento del uso del coche (si no hay transporte rural sostenible).

4.5. LÍMITES DE LA ENERGÍA RENOVABLE

La luz del sol proporciona energía a la Tierra. Pero para utilizar la energía, necesitamos materiales, y también energía para extraerlos, procesarlos y transformarlos. Estos materiales son limitados, porque cada material de la Tierra solo existe en cantidades limitadas. En consecuencia, la energía que podemos «tomar» del sol utilizando los materiales también es limitada. Por esto, se puede decir que las fuentes de energía son renovables, pero los sistemas de captación no lo son.

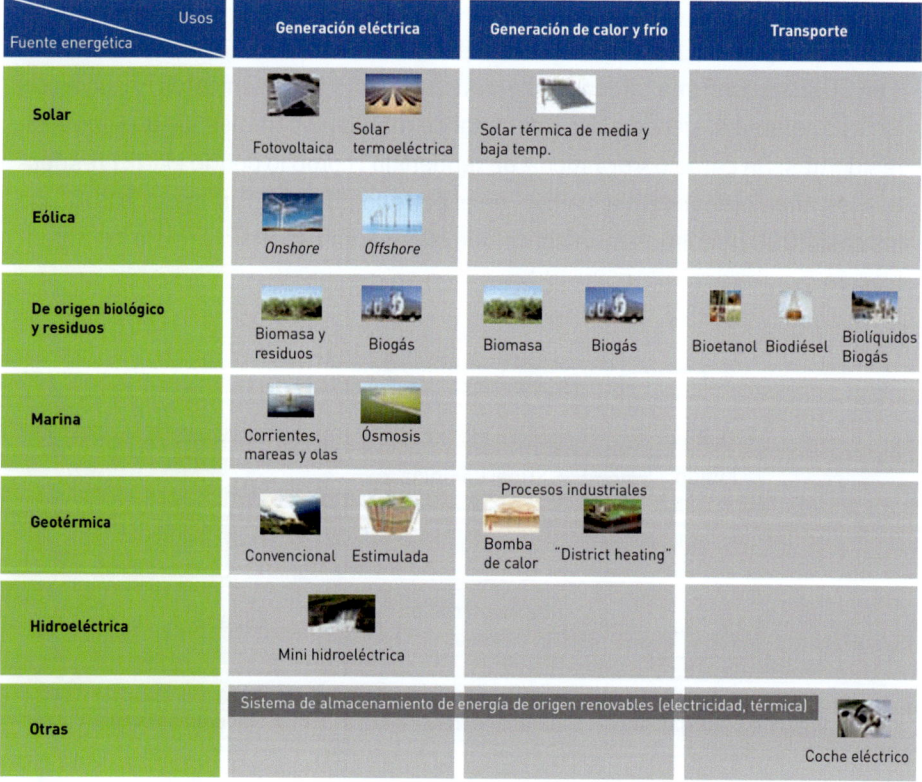

Usos / Fuente energética	Generación eléctrica		Generación de calor y frío		Transporte		
Solar	Fotovoltaica	Solar termoeléctrica	Solar térmica de media y baja temp.				
Eólica	Onshore	Offshore					
De origen biológico y residuos	Biomasa y residuos	Biogás	Biomasa	Biogás	Bioetanol	Biodiésel	Biolíquidos Biogás
Marina	Corrientes, mareas y olas	Ósmosis					
Geotérmica	Convencional	Estimulada	Bomba de calor	Procesos industriales "District heating"			
Hidroeléctrica	Mini hidroeléctrica						
Otras	Sistema de almacenamiento de energía de origen renovables (electricidad, térmica)						Coche eléctrico

Figura 4.7. Usos de la energía eléctrica y su fuente. Elaboración propia.

Podemos distinguir dos tipos de tecnologías de energías renovables:

a. Renovables de «alta tecnología» *(high-tech)* fabricadas con materiales no renovables y difíciles de extraer. Entre ellos se encuentran las modernas turbinas eólicas y los paneles solares. Estas tecnologías generan energía eléctrica.

Tienen los siguientes problemas:

1. Dependencia de los combustibles fósiles: no hay ninguna planta solar por ahora y en las próximas décadas que pueda construir una nueva planta solar con la energía eléctrica que produce. Para construirlas, se necesita la energía de los combustibles fósiles. Esto ya era así hace 40 años, y no ha cambiado hasta hoy. (Lo mismo ocurre con todas las demás tecnologías energéticas modernas).

2. Minerales (= materias primas): son necesarios para producir turbinas eólicas, plantas solares, etc. Sin embargo, no hay un suministro infinito de ellos. De hecho, las minas en funcionamiento y las nuevas minas previstas no son suficientes si todos los países quieren cubrir su futura demanda energética prevista con energías renovables. Además, la minería suele tener consecuencias negativas para el medioambiente y las personas que lo habitan.

3. Corto ciclo de vida: después de 20 a 30 años, las plantas tienen que ser reemplazadas. Actualmente, no se recicla casi nada y los equipos se convierten en residuos. Cuando el material se recicla, generalmente, no alcanza la calidad que tenía antes, salvo si se usa aún más energía. Esto significa que se necesitan nuevos minerales y combustibles fósiles para construir las nuevas plantas.

4. Coordinación mundial: para una transición energética mundial sería necesario un plan global o un tratado internacional, y los países tendrían que coordinar sus estrategias para transportar la energía renovable de un lugar a otro. Este tratado no existe.

¿Qué alternativa habría a la energía renovable de «alta tecnología»?

b. Una alternativa a la energía producida por una tecnología complicada podría llamarse energías renovables de «baja tecnología»: están hechas de materiales renovables o muy comunes y pueden producirse localmente. Entre ellos se encuentran la biomasa (por ejemplo, la madera), las turbinas eólicas simples, los molinos, etc. La energía producida es térmica, química o cinética.

También tienen problemas:

1. No producen energía eléctrica, es decir, en un sistema de este tipo la electricidad sería una rareza.

2. Para cultivar biomasa, se necesitan superficies de tierra. Pero estas son limitadas y deben utilizarse también para otros fines:

   – Para la agricultura, para cultivar alimentos.

   – Para la preservación de la biodiversidad: los seres vivos necesitan espacio para vivir, no solo en determinadas zonas protegidas, sino en todo el mundo.

Pero tienen la ventaja de ser verdaderamente «sostenibles»: los materiales de los que están hechos vuelven a crecer siempre que no se utilicen en exceso, o son fácilmente reciclables. Esto significa que pueden suministrar energía a las sociedades humanas durante largos períodos de tiempo y que no necesitan combustibles fósiles.

España se posiciona entre los 15 mayores consumidores de energías limpias en el ámbito mundial, con un crecimiento del 59 % de la capacidad eléctrica y el 42,2 % del «mix» nacional de electricidad.

La energía eólica es la fuente renovable más importante del país, ya que durante el 2022 produjo más del 53 % de la energía limpia del país. Estos datos son una muestra de la tendencia hacia la descarbonización y la reducción de la dependencia de los combustibles fósiles. España cerró el 2023 con un 72 % de generación electricidad libre de emisiones de CO_2.

El último año, se registró un máximo histórico de producción de energía renovable dentro del territorio español, alcanzando más de 135 000 GWh anuales; y particularmente noviembre fue el mes en la historia de España con mayor generación de energía renovable, con un 60,2 %.

Además, el año 2023 se cerró con una cuota récord, puesto que las energías renovables pasaron a cubrir el 50,8 % del «mix» de generación eléctrica nacional.

Se trata de un aumento de más del 20 % en relación con el año anterior, una cifra relevante que muestra el impulso que están teniendo las energías renovables en España.

Pero España presenta desafíos en cuanto al uso de la energía renovable, tenemos que empezar por señalar que la implementación de proyectos de energías renovables y de almacenamiento, desde su concepción hasta su puesta en marcha, implica inversiones considerables y un proceso de tramitación y permisos administrativos muy dilatado en el tiempo.

A pesar de estos desafíos, el sector de las energías renovables en España presenta oportunidades sustanciales para su crecimiento y desarrollo. La transición hacia energías renovables no solo contribuirá a mitigar el cambio climático, sino que también generará empleo, supone una oportunidad económica y fomentará la innovación e investigación en el sector.

España tiene una ventaja competitiva en la generación de electricidad renovable frente a otros países europeos, básicamente porque al ser una península y en la Europa meridional tiene más horas de sol y más recursos de viento que otros países europeos, esto permite que las instalaciones tengan horas de funcionamiento y sean más rentables.

Como consecuencia, esta peculiaridad permite tener energía renovable abundante lo cual reduce el precio del mercado eléctrico. Esto es una ventaja que debe aprovechar la industria del país y debe suponer un atractivo para atraer inversiones a España. Inversiones relacionadas con la transición energética (como fábricas de baterías, de paneles solares) o con la innovación y la tecnología como los centros de procesamiento de datos. Todo ello generará empleo de calidad y riqueza al país al mismo tiempo de que reduce la dependencia energética de terceros países.

4.6. PIRÁMIDE DE LAS NECESIDADES HUMANAS

El bienestar humano no consiste solamente en la mera supervivencia, sino en poder disponer de todo aquello que permite el desarrollo integral (económico, social y cultural) de la persona sin que esta se sienta excluida por la sociedad. Por ejemplo, internet es cada vez más necesario, y no acceder a ello puede provocar cierta exclusión. Igualmente, un frigorífico o un teléfono no es básico para la supervivencia (y hace años muchas personas no lo tenían), pero cuando la sociedad evoluciona y la inmensa mayoría de los ciudadanos consideran como básica una necesidad, aquellos que no la cubren están en riesgo de exclusión social. Desde ese punto de vista, educación, sanidad, internet o un frigorífico son también necesidades primarias, aunque no sean imprescindibles para la supervivencia.

Todo lo que ocurrió en torno al 14 de marzo de 2020 con el confinamiento por la COVID-19 forma ya parte de la historia de España. Es increíble cómo se precipitaron los hechos. A principios de marzo llamaban locos a aquellos que compraban mascarillas. El viernes 13 de marzo miles de personas huían de los sitios donde el virus actuaba con más fuerza. El día 14, por la tarde, era imposible comprar papel higiénico, un filete de carne o una lata de atún. El día 15, la gente ya confinada salía a los balcones a aplaudir durante diez minutos. ¿Pero qué pasó en tan solo unos días? La pirámide de las necesidades de Maslow había entrado en escena.

La escala de las necesidades de Maslow se describe a menudo como una pirámide que consta de cinco niveles. La idea básica de esta jerarquía es que las necesidades más altas ocupan nuestra atención solo cuando se han satisfecho las necesidades inferiores de la pirámide. Es decir, hasta que no cubro una necesidad de un nivel inferior, no sentiré las necesidades del siguiente nivel.

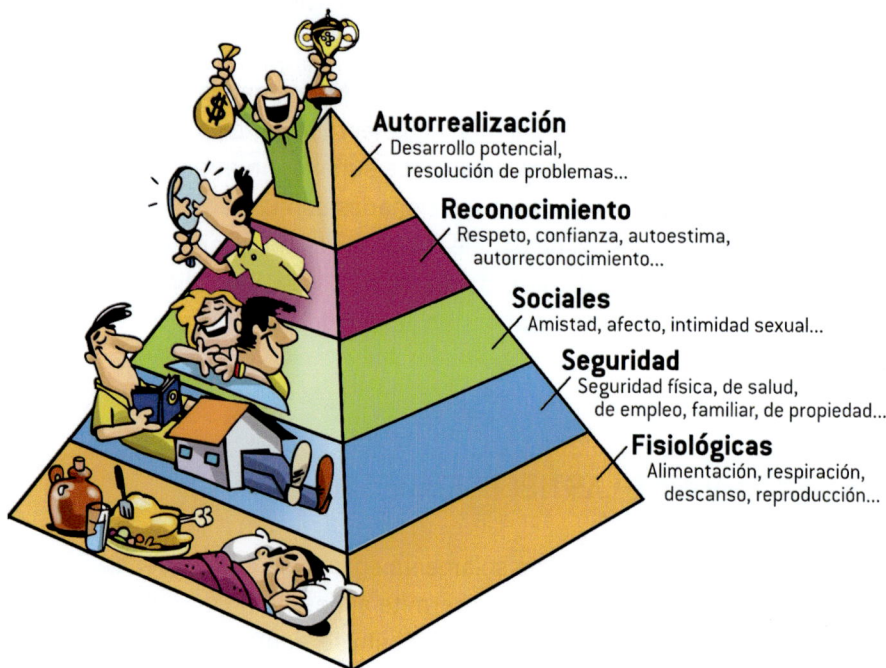

Figura 4.8. Pirámide de Maslow. Fuente: Wikipedia.

Entendamos cómo se manifiestan las necesidades en los diferentes niveles:

NIVEL 1. Necesidades básicas. Son necesidades fisiológicas básicas para mantener la supervivencia. Comer, dormir, protegerse del frío, etc. Mientras el ser humano no satisface estas necesidades, no se preocupa por las demás. A partir del 10 de marzo, los casos de COVID-19 empezaron a multiplicarse en Madrid. Como muchos madrileños tienen casa en lugares de playa, muchos aprovecharon el viernes 13 para marcharse allí. En las redes llovían las críticas a estas personas a las que llamaron egoístas por poner en riesgo a las ciudades a donde acudían. No nos confundamos, aquí hay que distinguir a aquellos que simplemente querían pasar el fin de semana en un sitio de playa de aquellos que literalmente huyeron atemorizados de un virus letal. En estos últimos se activó la necesidad más básica de todas: la de conservar la vida.

NIVEL 2. Necesidades de seguridad y protección. Estas surgen cuando las necesidades fisiológicas ya se han cubierto. Son las necesidades de sentirse seguro y protegido. El ser humano siempre quiere consolidar lo conseguido y garantizarse que podrá estar seguro. El sábado 14 parecía claro que el confinamiento que ya había ocurrido en Italia llegaría a España. El temor por lo que iba a pasar activó el siguiente nivel de necesidad, garantizarse una seguridad. Las familias acudían a los supermercados a comprar 20 kilos de carne para congelar, 50 latas de conserva y 80 rollos de papel higiénico, entre otras cosas. Las mascarillas, botes de alcohol y gel hidroalcohólico se agotaron junto a otros muchos productos de higiene.

NIVEL 3. Necesidades sociales. Una vez que el ser humano se sienta seguro buscará relacionarse con los demás, ser parte de una comunidad, agruparse en familias, amistades, una pareja. Entre estas necesidades se encuentran: la amistad, el compañerismo, el afecto y el amor. El día 15 ya estábamos confinados y seguros en nuestros hogares con la despensa y el frigorífico llenos. En ese momento se activó el siguiente nivel, las necesidades sociales. Las llamadas y videollamadas telefónicas aumentaron un 50 % ante la necesidad innata que tenemos de relacionarnos con los demás. Los niños pintaban arcoíris y los pegaban en las ventanas como manera de interactuar con otros niños a los que no podían ver.

NIVEL 4. Necesidades de estima o reconocimiento. Una vez que el individuo pertenece a un grupo querrá tener un cierto reconocimiento dentro del mismo. Todos queremos sentirnos reconocidos y valorados por los demás. En una guerra contra un virus, nuestros soldados fueron los sanitarios. A los 8 de la tarde la gente se lanzaba a los balcones para aplaudir a los sanitarios que arriesgaban la vida por nosotros. Ellos salían 5 minutos a la calle del hospital para recibir los aplausos. Durante dos meses los aplausos continuaron, pero pronto se convirtieron en un reconocimiento a nosotros mismos. Salíamos a los balcones a aplaudir y recibir los aplausos de los demás, la canción «Sobreviviré» se hizo el lema durante esos aplausos. Nuestra manera de contribuir a frenar al virus era encerrarnos en casa. A veces pensamos que es un defecto de aquellos que buscan reconocimiento. No te confundas, la necesidad de reconocimiento es tan humana como todas las demás.

NIVEL 5. Necesidad de autorrealización. Este último nivel es algo diferente y Maslow utilizó varios términos para denominarlo: «motivación de crecimiento», «necesidad de ser» y «autorrealización». Consiste en llegar a ser lo máximo posible, «la máxima expresión del yo». Según algunos sociólogos, hay gente que nunca llega a satisfacer esta necesidad, ya que una vez que consigue sus objetivos, se marca otros. Durante la pandemia más de 50 000 sanitarios fueron contagiados en España y muchos de ellos murieron. Ante la escasez de efectivos, muchas personas se hicieron voluntarios para ayudar arriesgando su salud e incluso su vida. En muchos de ellos, se había activado la necesidad de autorrealización.

Así pues, a lo largo de la historia, los seres humanos hemos interactuado con el medioambiente para satisfacer nuestras necesidades, desde la obtención de alimentos hasta la construcción de infraestructuras y el desarrollo de tecnologías. Sin embargo, el ritmo acelerado de crecimiento económico e industrial en las últimas décadas ha transformado profundamente esta relación, pasando de una coexistencia relativamente equilibrada a una explotación desmedida de los recursos naturales.

Figura 4.9. Obtención de recursos para satisfacer necesidades. Fuente: ONU.

La expansión urbana, el uso intensivo de combustibles fósiles y la industrialización han provocado cambios sin precedentes en los ecosistemas y en el clima de la Tierra. Lo que antes se consideraban recursos inagotables, como los bosques, los océanos y la biodiversidad, ahora están en peligro debido a nuestras acciones. Estas transformaciones no solo afectan a la fauna y la flora, sino que también repercuten directamente en la vida humana, poniendo en riesgo la salud, la seguridad alimentaria y la disponibilidad de recursos vitales como el agua y el aire limpio.

Ante esta realidad, comprender el impacto de nuestras actividades sobre la naturaleza es más crucial que nunca. Solo a través de esta conciencia podemos comenzar a revertir el daño y trabajar hacia un modelo de desarrollo más sostenible que garantice la preservación del planeta para las generaciones futuras.

4.7. PREGUNTAS DE AUTOEVALUACIÓN

4.1. ¿Qué significa ecodependencia?

    a. Que la tecnología depende del petróleo.

    b. Que las personas dependen emocionalmente unas de otras.

    c. Que el ser humano depende de la naturaleza para su bienestar.

    d. Que la economía depende de las exportaciones.

4.2. ¿Qué caracteriza una relación de codependencia energética?

    a. La independencia entre redes eléctricas.

    b. El uso exclusivo de fuentes fósiles.

    c. La dependencia desequilibrada entre sistemas eléctricos.

    d. La autosuficiencia total en energía.

4.3. ¿Qué efecto tuvo la pandemia sobre la dependencia energética de España?

    a. Aumentó al 90 %.

    b. Se mantuvo estable.

    c. Disminuyó temporalmente.

    d. Se eliminó la importación de petróleo.

4.4. El decrecimiento propone:

    a. Aumentar el PIB de forma constante.

    b. Producir más para consumir más.

    c. Reducir el consumo y priorizar la sostenibilidad.

    d. Eliminar el dinero como medio de cambio.

4.5. ¿Cuál es una crítica principal al modelo de crecimiento económico tradicional?

    a. Disminuye la producción.

    b. Impulsa el decrecimiento.

    c. Provoca daños ambientales irreversibles.

    d. Reduce el empleo rural.

4.6. ¿Qué es una deuda?

    a.   Un pago inmediato.

    b.   Un ingreso anticipado.

    c.   Un préstamo que se paga en el futuro.

    d.   Un impuesto estatal.

4.7. ¿Qué es el «colonialismo ecológico»?

    a.   Exportar bienes de lujo.

    b.   Dejar de usar recursos naturales.

    c.   Beneficio del norte a costa del sur mediante explotación ambiental.

    d.   Establecer colonias autosuficientes.

4.8. ¿Qué busca la relocalización industrial?

    a.   Deslocalizar aún más.

    b.   Acortar cadenas de suministro y producir localmente.

    c.   Importar más productos.

    d.   Producir exclusivamente en Asia.

4.9. Una ventaja ambiental de la relocalización es:

    a.   Mayores costes de transporte.

    b.   Aumento del comercio internacional.

    c.   Reducción de emisiones de carbono.

    d.   Desregulación ambiental.

4.10. ¿Qué es la rerruralización?

    a.   Abandono de las zonas rurales.

    b.   Construcción de autopistas.

    c.   Volver al campo con principios sostenibles.

    d.   Creación de ciudades verticales.

4.11. ¿Qué papel tuvo la pandemia en la rerruralización?

    a.   Aceleró el éxodo rural.

    b.   Generó un retorno a lo rural.

    c.   Destruyó la vida rural.

    d.   Redujo la población en el campo.

4.12. Un riesgo de la rerruralización es:

    a. La autosuficiencia energética.

    b. La gentrificación rural.

    c. La pérdida de biodiversidad urbana.

    d. La innovación local.

4.13. ¿Qué afirma el texto sobre las renovables de alta tecnología?

    a. No dependen de combustibles fósiles.

    b. Son infinitamente reciclables.

    c. Necesitan materiales no renovables y energía fósil.

    d. No tienen impacto ambiental.

4.14. ¿Cuál es una debilidad clave de las tecnologías renovables actuales?

    a. Funcionan sin sol.

    b. Su ciclo de vida corto y bajo reciclaje.

    c. No generan energía.

    d. Son 100 % sostenibles.

4.15. Las renovables de baja tecnología:

    a. No producen ningún tipo de energía.

    b. Son insostenibles a largo plazo.

    c. Pueden ser producidas localmente con materiales comunes.

    d. Requieren combustibles fósiles.

4.16. Según el texto, ¿qué es hoy una necesidad básica, aunque no vital?

    a. Diamantes.

    b. Frigorífico.

    c. Automóviles de lujo.

    d. Vacaciones internacionales.

4.17. ¿Qué ocurre cuando una persona no tiene acceso a necesidades tecnológicas básicas?

    a. Mejora su salud.

    b. Disminuye su productividad.

    c. Puede sufrir exclusión social.

    d. Vive de forma más sostenible.

4.18. El bienestar humano implica:

    a. Acumular riqueza.

    b. Sobrevivir únicamente.

    c. Desarrollo integral y no sentirse excluido.

    d. Vivir sin tecnología.

4.19. ¿Cuál es una ventaja de la relocalización de la producción?

    a. Aumenta el costo del transporte de mercancías.

    b. Disminuye las emisiones de carbono por transporte.

    c. Promueve la deslocalización industrial.

    d. Incrementa la dependencia de mercados exteriores.

4.20. ¿Cuál es uno de los principales desafíos de las energías renovables de alta tecnología?

    a. Requieren muy poca inversión inicial.

    b. Se construyen solo con materiales renovables.

    c. Dependencia de combustibles fósiles para su construcción.

    d. Son 100 % reciclables al final de su vida útil.

5. BUENAS PRÁCTICAS GENERALES Y EN LA OCUPACIÓN

El hombre, desde tiempos remotos, vive en colectividad y trabaja para satisfacer sus necesidades. Las personas necesitan alimento, vestido, transporte, etc., que compran con sus ingresos, pero estos son insuficientes para conseguir todo lo deseado.

5.1. BUENAS PRÁCTICAS DE CONSUMO

Para satisfacer necesidades se consumen bienes, y se define actividad económica como el conjunto de actividades destinadas a satisfacer las necesidades con bienes. Un bien es todo aquello que satisface, directa o indirectamente, deseos o necesidades.

Así tenemos:

Bienes según su disponibilidad:

- Bienes económicos: son aquellos que son útiles, escasos y transferibles, como, por ejemplo, ropa, comida, teléfono móvil, etc.

- Bienes libres: son aquellos de los que hay cantidad suficiente para satisfacer a todo el mundo, como, por ejemplo, el aire.

Bienes y servicios según su tangibilidad:

- Bienes materiales: son todos aquellos de naturaleza tangible, como puede ser un ordenador.

- Bienes inmateriales: son de naturaleza intangible, como una aplicación informática.

Bienes y servicios según su uso:

- Bienes de consumo: son aquellos que satisfacen directamente una necesidad. Pueden ser duraderos, si se pueden usar durante mucho tiempo (como una lavadora); o no duradero, si tiene uno o unos pocos usos (como una barra de pan).

- Bienes de capital: sirven para producir otros bienes, como una excavadora, y, por tanto, no satisfacen una necesidad de manera inmediata.

Hay que recalcar que un bien puede ser de consumo o de capital según quien lo utilice. Un ordenador utilizado por una empresa será un bien de capital y usado por una familia será un bien de consumo.

Bienes y servicios según su grado de elaboración:

- Bienes finales: son aquellos que ya están listos para poder consumirse, es decir, no necesitan pasar por más fases de fabricación, como una bicicleta.

- Bienes intermedios: se emplean para ser transformados o incorporados a la producción de otros bienes, como el acero, que puede usarse para producir un coche.

Hay que recalcar que un bien puede ser final o intermedio en función del uso que se le dé. La leche puede ser un bien final si se vende ya directamente al consumidor, o un bien intermedio si se usa para producir queso.

Bienes y servicios según su propiedad:

- Bienes públicos: son aquellos que pueden consumirse de manera conjunta por la sociedad y no son propiedad de una persona o empresa, como, por ejemplo, un puente o un parque.

- Bienes privados: pertenecen a una persona o a una empresa, por lo que solo puede ser usado por ellos o por quien ellos deseen. Por ejemplo, un teléfono móvil.

Bienes y servicios según su relación:

- Bienes sustitutivos: son los que cubren una misma necesidad y consumir uno implica no consumir el otro (o consumir menos). Por ejemplo, gafas y lentillas.

- Bienes complementarios: aquellos que deben utilizarse conjuntamente para satisfacer una necesidad, como el coche y la gasolina.

- Bienes independientes: no tienen relación entre ellos.

Los seres humanos intentamos satisfacer el mayor número de necesidades posible, dado los recursos escasos que tenemos. Las necesidades son ilimitadas, eso se debe a que las necesidades se reproducen y siempre queremos más y a que nuestro tiempo está limitado.

La misma necesidad puede satisfacerse de varias maneras, hay personas que desarrollan unas necesidades en un mayor grado que otras, depende de muchos factores como el lugar donde vivimos, el entorno en que nos movemos, la publicidad y la moda, la edad; en definitiva, hay factores que hacen que las necesidades sean diferentes en cada persona y en que cada sociedad.

En la sociedad actual, el mercado es un instrumento fundamental como proveedor de productos y servicios básicos para la sociedad, pero a su vez, la relación entre oferta y demanda, así como entre productores y consumidores es a menudo complicada. El usuario tiene una serie de derechos que defienden que se ha de cumplir el principio de soberanía, es decir, este ha de tener el poder, debe tener capacidad de elección y de demanda. Sin embargo, la realidad es que el productor cuenta en la mayoría de ocasiones con más poder que el usuario, lo cual ha de ser regulado y limitado para no vulnerar sus derechos. Esta reivindicación es lo que se conoce como consumerismo.

El **consumerismo** es un término que viene del inglés consumerism, en contraposición al concepto de consumismo, y se entiende como un movimiento social que defienden las asociaciones de consumidores, como FACUA. Promueve la libertad y el poder del usuario en el mercado, así como la defensa de sus derechos.

Por otro lado, se entiende que una persona **consumerista** está concienciada sobre la importancia de ejercer un consumo responsable y sostenible. Además, se implica en la defensa de sus derechos como consumidor, tanto en el ámbito individual como colectivo.

Mientras que el **consumismo** se define, según la RAE (Real Academia Española), como la «tendencia inmoderada a adquirir, gastar o consumir bienes, no siempre necesarios». El sistema capitalista en el que nos encontramos nos lleva a ejercer un exceso de consumo, más de lo que nos haría falta, influenciados por los distintos medios de comunicación y la publicidad que nos crean constantemente nuevas necesidades.

Uno de los principales problemas del consumismo es el impacto medioambiental que genera, que además de perjudicar gravemente la salud de nuestro planeta, daña la nuestra.

Otro de los problemas fundamentales a causa del consumismo en nuestro planeta es el impacto que tiene en selvas y bosques, que provoca una pérdida de biodiversidad. Solo queda una cuarta parte de bosques primarios en el ámbito mundial, es decir, aquellos que no han sido explotados. Estos guardan una gran parte de la biodiversidad del planeta y están siendo devastados por la actividad humana, especialmente por la agricultura y ganadería extensiva para la producción de materia prima. Todo ello, entre otras actividades, es responsable de la deforestación, explotación y destrucción de los bosques y selvas lo que provoca un deterioro en la biodiversidad, como la extinción y daños en la fauna y la flora, y a su vez, contribuye al cambio climático mediante la emisión GEI.

Crecimiento económico infinito en un plantea finito

En el mundo actual, nos encontramos con tres procesos que son continuos: la producción, el consumo y el crecimiento.

Estos procesos dependen unos de los otros. Por ejemplo, sin producción (empleo) no hay consumo, así como sin crecimiento no hay producción, o sin consumo no hay producción.

Todos sabemos que vivimos en un planeta finito: tiene límites.

Aunque escuchando y leyendo a muchos economistas, políticos o empresarios, uno puede pensar que no es así, lo cierto es que la Tierra no va a poder darnos los recursos que necesitamos si no hay un cambio.

Está claro que, tal y como está diseñado el sistema, actualmente nadie se plantea dejar de crecer. El desarrollo ha sido continuo durante siglos pasados y ha de seguir siéndolo en el futuro. El desarrollo nos ha traído progreso y bienestar. Vivimos mejor que en la Edad Media y mejor que durante el siglo xix. Lo curioso es que el modelo de crecimiento actual puede hacer que hoy vivamos mejor también que en el futuro.

Para empezar a cambiar este modelo económico, debemos transformarlo. El modelo actual de extraer recursos, producir bienes, consumir bienes, generar residuos, tiene que cambiar, y una de las soluciones es convertir esta línea en un círculo.

Figura 5.1. Cambio de consumo. Elaboración propia.

Compra verde

Es una herramienta fundamental. Para transformar la economía lineal o de consumo en economía circular. Consiste en la integración del componente medioambiental en la manera de comprar bienes y contratar servicios.

Por ejemplo, cuando se va a cambiar un móvil hay que pensar en el ciclo de vida de este.

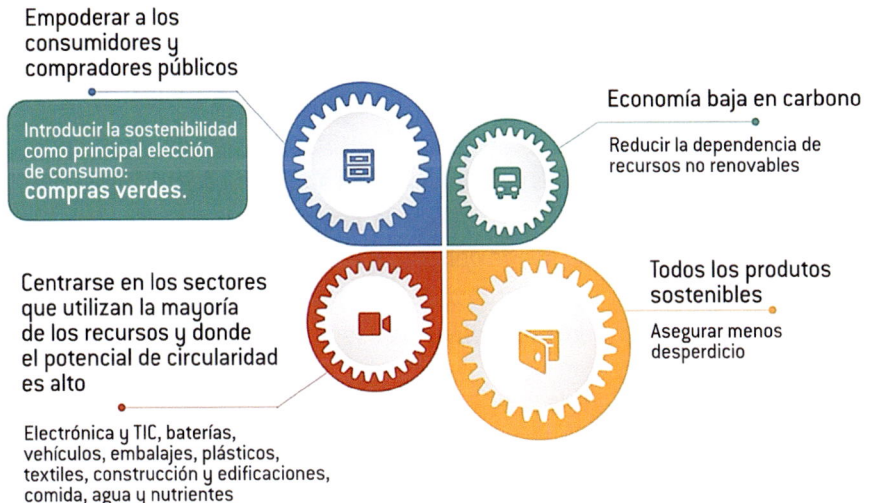

Figura 5.2. Herramientas para el cambio. Elaboración propia.

Este es el ciclo de vida del móvil:

Podríamos valorar, por ejemplo, si la carcasa es de plástico o aluminio, el aluminio es fácilmente reciclable, el plástico depende del tipo que sea; la batería es fácilmente sustituible y podría prologar la vida del móvil cambiando la batería, que índice de reparabilidad tiene el móvil; esta información es fácil encontrar en la web de las empresas.

Todas estas cuestiones están asociadas a la compra verde en el caso del consumidor final.

Figura 5.3. Ciclo de vida del móvil. Elaboración propia.

Es decir, escoger los productos en función de su composición, contenido, envoltorio, las posibilidades de que sean reciclados, el residuo que generan, la eficiencia energética o si están en posesión de alguna etiqueta que garantice su mayor sostenibilidad.

La expresión «compras verdes» se refiere a las adquisiciones de productos o servicios respetuosos con el medioambiente. Estas compras implican conocer los efectos que un producto puede generar al medioambiente durante su ciclo de vida, los materiales que se usaron para la fabricación, la manera en se usan, y qué se hace con él cuando terminamos de usarlo.

Beneficios de la compra verde

Para el usuario:

- Obtiene un producto que además de ser respetuoso con el medioambiente, es un producto competitivo frente a otros, con mejor calidad, duraderos, menos fallos, se puede reparar.

Para la empresa:

- Mejor imagen, sitúa su producto en el mercado diferenciándose de los demás.

Para las Administraciones:

- Una política de sostenibilidad, consideran el ciclo de vida del producto, menores tasas de mantenimiento.

Figura 5.4. Beneficios de la compra verde. Elaboración propia.

Entonces, si queremos hacer compra verde, debemos hacer un análisis de coste de vida del producto, desde la fabricación, el diseño, la distribución, el uso, los materiales que se han empleado, el mantenimiento que va a necesitar ese producto o que final de vida puede tener, si es reciclable o no.

Figura 5.5. Cambio en la forma de consumo. Elaboración propia.

La compra verde es una herramienta que podemos empezar a poner en práctica para lograr un consumo responsable de verdad.

Si se quiere realizar un consumo responsable ofrecemos una serie de pautas que seguir:

- Huir del consumir por consumir y de la cultura del usar y tirar.
- Hacer un consumo responsable en los supermercados y comercios de proximidad.
- Comprar alimentos locales y de temporada.
- Elegir productos frescos en lugar de procesados.
- Evitar los productos con un embalaje excesivo.
- Seleccionar los productos con certificación de calidad o con la «A» de consumo energético eficiente.
- Escoger productos biodegradables o con el distintivo de respetuoso con el medioambiente.

Ahorrar energía y utilizarla de forma eficiente:

- Apagar luces y aparatos eléctricos que no se estén utilizando.

- Utilizar bombillas de bajo consumo, aprovechar todas las horas de luz natural.

- Colocar placas térmicas o solares para calentar el agua de casa.

- Revisar los cerramientos de puertas y ventanas para conservar el calor.

Hacer un uso racional del agua:

- Mantener en buen estado las instalaciones para que no haya fugas.

- Ahorrar gastos innecesarios con gestos sencillos como poner el lavavajillas o la lavadora solo cuando estén llenos.

- Cerrar el grifo mientras nos lavamos los dientes, nos afeitamos o fregamos los platos.

Camine en lugar de coger el coche; utilice la bicicleta y los transportes públicos.

Si se va en coche, realice una conducción eficiente:

- Utilice las marchas largas para ahorrar combustible.

- Circule con una velocidad uniforme.

- Evite los frenazos, los acelerones o los cambios de marcha innecesarios.

- Apague el motor si se va a parar durante más de un minuto.

Compre productos de comercio justo. De esta forma se estará pagando el margen necesario para que las personas que los producen trabajen en condiciones dignas.

Reutilice los productos que todavía tengan vida útil. Llevarlos a comercios de segunda mano, regalarlos a organismos sociales como albergues o asociaciones benéficas, alquilar lo que se precise si es una necesidad puntual, o pedirlos prestados a algún conocido.

Recicle. Deposite los residuos en su contenedor correspondiente y no tire nunca por el desagüe aceites o sustancias tóxicas.

Actúe de forma ecológicamente sostenible, aplicando la regla de las «3R» (reducir, reutilizar, reciclar):

- **Reducir** implica que se eviten productos con exceso de embalaje, que se consuma la energía justa o que se reduzca el consumo de productos tóxicos y contaminantes como las pilas.

- **Reutilizar** significa volver a usar los productos que todavía tienen vida útil. Cuantos más productos se pueda volver a utilizar, menos recursos se tendrán que explotar.

- **Reciclar** se refiere a la transformación de los materiales que ya hayan sido utilizados en nuevos productos destinados al consumo. Es importante recordar que para poder llevar a cabo un adecuado reciclaje se debe separar cada material en casa.

Figura 5.6. Regla de las 3R. Fuente: DKV.

5.2. OCUPACIÓN DEL RECURSO SUELO

El suelo es un recurso natural no renovable, lo que implica que su pérdida y degradación no son reversibles a escala humana. Constituye un sistema dinámico y vulnerable, que cumple múltiples funciones fundamentales, como la producción de biomasa, el reciclaje de nutrientes y regulación del ciclo hidrológico, entre otras. Es también el sustrato de la agricultura, por lo que su conservación es esencial para la seguridad alimentaria. Sin embargo, no siempre se le ha prestado la debida atención.

El suelo juega un papel clave en la mitigación del cambio climático a través de su almacenamiento y de la reducción de las emisiones de gases de efecto invernadero en la atmósfera, tal y como reconoce el Acuerdo de París (COP21 - Conferencia de las Naciones Unidas sobre el Cambio Climático). España se ha adherido a la iniciativa «4 por mil», que busca aumentar la capacidad de absorción de los suelos agrícolas un 0,4 % promocionando determinadas prácticas de manejo.

Europa es uno de los continentes más intensamente utilizados del planeta, con el porcentaje más alto de suelo (hasta un 80 %) destinado a asentamientos, sistemas de producción (incluida la agricultura y la silvicultura) e infraestructuras. A menudo se producen demandas de uso del suelo contradictorias, que obligan a alcanzar difíciles soluciones de compromiso.

Existen varias fuerzas motrices del uso del suelo en Europa: la creciente demanda de espacio vital por persona y la relación entre la actividad económica, la mayor movilidad y el crecimiento de las infraestructuras de transporte suelen traducirse en ocupación del suelo. El suelo es un recurso limitado: su utlización constituye una de las principales razones de cambio medioambiental, con efectos importantes para la calidad de vida y para los ecosistemas, así como para la gestión de las infraestructuras.

Europa es un mosaico de paisajes, que reflejan el patrón evolutivo de los cambios que ha sufrido el suelo en el pasado. Hoy en día, el paisaje y el medioambiente siguen experimentando cambios que dejan huellas enormes y, a menudo, irreversibles. En casi todas partes surgen tensiones a raíz de la necesidad que tiene la sociedad de recursos y espacio, que está reñida con la capacidad del suelo para satisfacerla. Este estado de cosas conduce a la sobreutilización y cada vez mayor degradación de los paisajes, de los ecosistemas y del medioambiente y requiere una perspectiva de gestión de largo plazo.

Figura 5.7. Paisaje árido con un árbol seco en un suelo agrietado, representando la desertificación en regiones como Valencia, la más afectada de Europa. Fuente: swissinfo.ch

Figura 5.8. Erosión que afecta a vastas áreas del continente, con suelos agrietados y vegetación escasa, símbolo de la degradación ambiental. Fuente: eldiario.es

5.3. PRÁCTICAS INCORRECTAS EN LA OCUPACIÓN

Entre los años 50 y 80, dos empresas ubicadas en Bizkaia, Bilbao Chemicals (Barakaldo) y Nexana (Erandio), se dedicaron a la producción de un compuesto denominado hexaclorociclohexano (HCH) utilizado como pesticida.

El descubrimiento de que el poder pesticida se debía exclusivamente a uno de los isómeros, el gamma conocido como lindado, condujo a que, en el proceso de fabricación, se produjeran nueve partes de residuo, correspondiente mayoritariamente al resto de los isómeros, por cada parte lindano.

Se estima que en el País Vasco se generaron alrededor de 100 000 Tm de residuo, lo que derivó en un problema ambiental complejo y de difícil gestión. Estos residuos fueron trasladados a diferentes vertederos o, en su caso, se enterraron en lugares cercanos a los centros de producción, con la consiguiente afección ambiental.

Figura 5.9. Bilbao Chemicals o el polígono industrial de Barakaldo, zona industrial, conocida históricamente por su intensa actividad industrial, especialmente química y siderúrgica. Fuente: Ihobe.

Los primeros casos de contaminación de suelos por residuos de la producción de lindano se detectaron a principios de los años 90. Este hallazgo puso de manifiesto que el suelo estaba sufriendo las consecuencias de una larga actividad industrial en la que se había primado la producción en detrimento del medioambiente.

Para eliminar la afección ambiental generada por el vertido de residuos de HCH, el Gobierno vasco diseñó una estrategia de acción que, entre otras acciones, incluyó la construcción de tres infraestructuras pioneras en la gestión de este tipo de residuos:

• Una planta de HCH (desmantelada una vez que cumplió su objetivo).

• Dos celdas de seguridad ubicadas en los municipios de Barakaldo y Loiu.

En el año 2015, la Agencia Internacional para la Investigación sobre el Cáncer (IARC, por sus siglas en inglés), que depende de la OMS, Organización Mundial de la Salud, clasificó el lindano como un agente cancerígeno.

Otras prácticas incorrectas que podemos mencionar son:

La urbanización de la costa mediterránea (caso de La Manga del Mar Menor, Murcia)

En la Región de Murcia, durante las décadas de 1960 a 1990, se permitió el desarrollo turístico masivo en La Manga del Mar Menor, una franja estrecha de tierra entre el mar Mediterráneo y la laguna costera del Mar Menor. La construcción indiscriminada de hoteles, urbanizaciones, carreteras y puertos deportivos se hizo con escasa planificación ambiental.

Consecuencias ambientales:

- Destrucción de humedales y hábitats marinos.

- Contaminación del Mar Menor por vertidos agrícolas y urbanos, causando eutrofización (proliferación de algas y pérdida de oxígeno).

- Pérdida de suelo fértil y degradación del paisaje natural.

- Mayor vulnerabilidad ante el cambio climático y la subida del nivel del mar.

La ocupación del suelo orientada exclusivamente al beneficio económico a corto plazo puede acarrear daños ambientales casi irreversibles. Es un ejemplo clave de por qué se necesita una gestión del territorio basada en principios de sostenibilidad, ordenación del espacio y respeto al medio natural.

Figura 5.10. La Manga desde los años 60, con la construcción de numerosos edificios residenciales y turísticos a lo largo de su estrecha franja de tierra entre el Mar Menor y el mar Mediterráneo. Fuente: Wikipedia.

Ampliación del Puerto de Valencia

El Puerto de Valencia, uno de los más grandes del Mediterráneo, está en proceso de una ampliación que implicará grandes obras marítimas, dragados, rellenos y nueva infraestructura logística. El proyecto ha generado una fuerte oposición social, técnica y ambiental.

Entre los problemas de ocupación del suelo y territorio podemos citar:

- Afectación de espacios protegidos, como la Albufera de Valencia, un humedal de importancia internacional.

- Pérdida de suelo costero natural y agrícola, especialmente huerta periurbana histórica.

- Impacto sobre el clima local y aumento del tráfico pesado, al extender el uso del suelo para infraestructuras logísticas.

- Se modifica la dinámica litoral, lo que podría acelerar la regresión de playas cercanas como la de El Saler.

- Críticas por falta de una evaluación ambiental actualizada, ya que se basa en estudios previos al año 2007.

Este caso es un ejemplo de cómo el modelo de crecimiento económico basado en la logística y el comercio internacional puede entrar en conflicto con la sostenibilidad ambiental y la protección del suelo. La ocupación del suelo en áreas costeras y humedales debe evaluarse con perspectiva de cambio climático, biodiversidad y calidad de vida urbana.

Figura 5.11. El proyecto de ampliación del Puerto de Valencia incluye la construcción de una nueva terminal de contenedores, lo que ha generado preocupaciones sobre su impacto ambiental y la ocupación del suelo costero. Fuente: *El Debate*.

Derrumbe del vertedero de Zaldibar (Bizkaia)

En Zaldibar, un vertedero industrial donde se depositaban residuos peligrosos y no peligrosos colapsó, provocando un deslizamiento masivo de tierra y basura que sepultó una autopista (la AP-8) y causó la muerte de dos trabajadores, cuyos cuerpos tardaron meses en recuperarse.

Otros problemas relacionados con la ocupación del suelo:

- Mala gestión del uso del suelo industrial, al permitir un vertedero en una zona con riesgo geotécnico.

- Generación masiva y acumulación de residuos industriales sin control.

- El vertido afectó al medioambiente: contaminación del aire, del suelo y posibles filtraciones a aguas subterráneas.

- Falta de vigilancia ambiental efectiva, con irregularidades en los controles previos al colapso.

Este caso demuestra cómo una ocupación del suelo mal planificada y la mala gestión de residuos industriales puede tener consecuencias trágicas para las personas y el medioambiente. La presión por dar salida a los residuos sin alternativas sostenibles llevó a riesgos inaceptables en la gestión del suelo.

Figura 5.12. En 2020, el vertedero de Zaldibar sufrió un colapso que provocó la muerte de dos trabajadores y generó una crisis ambiental debido a la liberación de residuos peligrosos. Fuente: *El País*.

5.4. PREGUNTAS DE AUTOEVALUACIÓN

5.1. ¿Qué característica NO define a un bien económico?

a. Es útil.

b. Es escaso.

c. Es gratuito.

d. Es transferible.

5.2. Un bien como el aire que respiramos es considerado:

a. Bien económico.

b. Bien de capital.

c.   Bien libre.

d.   Bien intermedio.

5.3. ¿Qué distingue a un bien de capital?

a. Es utilizado por consumidores directamente.

b. Tiene un bajo coste.

c. Sirve para producir otros bienes.

d. Solo se usa una vez.

5.4. ¿Qué consecuencia ambiental tuvo la urbanización intensiva en La Manga del Mar Menor (Murcia)?

a. Reducción del turismo nacional por falta de infraestructuras.

b. Recuperación de especies endémicas de la laguna.

c. Contaminación por vertidos y destrucción de hábitats naturales.

d. Aumento del empleo en la agricultura sostenible.

5.5. ¿Qué problema ambiental generó la producción de lindano por empresas como Bilbao Chemicals?

a. Incremento de residuos orgánicos biodegradables.

b. Contaminación de suelos por residuos tóxicos industriales.

c. Sobrepoblación de especies en zonas industriales.

d. Filtración de agua potable en zonas urbanas.

5.6. ¿Qué fallo en la gestión del suelo se evidenció tras el derrumbe del vertedero de Zaldibar (Bizkaia)?

    a. Falta de reciclaje de residuos orgánicos.

    b. Uso excesivo de terrenos agrícolas para urbanización.

    c. Acumulación descontrolada de residuos industriales.

    d. Expansión desmedida del turismo rural.

5.7. El suelo es considerado un recurso:

    a. Renovable.

    b. Infinito.

    c. No renovable.

    d. Inútil.

5.8. ¿Qué representa el ciclo de vida de un producto?

    a. La duración de la garantía.

    b. El coste del producto.

    c. Todas las etapas desde su creación hasta su eliminación.

    d. La evolución del precio en el mercado.

5.9. ¿Por qué el crecimiento económico infinito es insostenible?

    a. Porque el mercado se satura.

    b. Porque el planeta tiene recursos finitos.

    c. Porque las necesidades humanas disminuyen.

    d. Porque las empresas no se adaptan.

5.10. ¿Cuál de estas acciones representa un consumo responsable?

    a. Comprar ropa de moda cada semana.

    b. Usar el coche para trayectos cortos.

    c. Elegir productos con etiqueta de eficiencia energética.

    d. Desechar objetos en buen estado.

BIBLIOGRAFÍA

AENOR (2020), Norma UNE-EN ISO 14001-2015, *Sistemas de Gestión Ambiental.*

AGUILÓ ALONSO, M. *Guía para la elaboración de estudios de medioambiente: contenido y metodología,* 4.ª edición, Ministerio de Medio Amiente, Madrid, 2008, p. 809.

AYALA CARCEDO, F. J., *Evaluación y corrección de impactos ambientales. Serie Ingeniería Geoambiental,* ITGE, Madrid, 2013.

BERNERS-LEE, M. *A Climate of Truth, Cambridge University Press,* Reino Unido, 2025.

BIRLEY, M. *The Health Impac Assessment of Development Projets,* HMSO, Londres, 2024.

BURDGE, R. J. *A Conceptual Approach to Social Impact Assessment: Collection of Readings, Social Ecology Press,* Middleton, Wisconsin, 2022.

CACHÓN DE MESA, J. *Protocolo para la evaluación estratégica de planes y programas: antecedentes y experiencias,* CEDEX, Madrid, 2023.

DOMINGO SANTOS, J. M.; ALFARO, A.; LÓPEZ PANTOJA, G., y SÁNCHEZ O. *Los problemas ambientales y la evaluación de impacto ambiental, Ciencia y Tecnología del Medio Ambiente,* Universidad de Huelva, 2015.

DURIGNEAU, P. *La síntesis ecológica,* Ed. Alhambra, Madrid, 2018.

GARCÍA GARCÍA-REVILLO, M., e HINOJO ROJAS, M. *La protección del medioambiente en el Derecho internacional y en el Derecho de la Unión Europea,* Madrid, 2022.

GÓMEZ OREA, D. *Gestión social del medio e impacto ambiental,* Universidad Nacional de Educación a Distancia, Fundación Universidad-Empresa, Madrid, 2024.

HILL, P. *Environmental Protection,* Oxford University Press, Reino Unido, 2017.

JIMÉNEZ HERRERO, L. *Desarrollo sostenible,* Ed. Síntesis, Madrid, 2020.

LOVELOCK, J. *Intervention Earth by Gwynne Dyer,* Random House, Londres, 2024.

MARGALEF, R. *Ecología,* Ed. Omega, Barcelona, 2023.

PADRÓN ROBAINA, V., y MELIÁN ALZOLA, L. *Gestión de la calidad y el medioambiente,* Universidad de Las Palmas de Gran Canaria, 2019.

PEÑA FREIRE, A. M. y SERRANO MORENO, J. L. *Ecología y derecho: La evaluación ambiental,* Granada, 2023.

RATHI, A. *Climate Capitalism,* Ed. John Murray, Londres, 2025.

REE, Red Eléctrica. *Inventario de flora ibérica compatible con las líneas eléctricas de alta tensión,* Red Eléctrica, Madrid, 2022.

Secretaría de Estado de Energía, Ministerio de Industria, Energía y Turismo. *La energía en España,* 2019.

SUÁREZ, F. *El efecto barrera en vertebrados: medidas correctoras en las vías de Comunicación,* CEDEX, Madrid, 2017.